DES APPOSITIONS ET DES LEVÉES DE SCELLÉS

COMMENTAIRE ARTICLE PAR ARTICLE
DU CODE DE PROCÉDURE CIVILE AVEC LA DOCTRINE DES AUTEURS
ET LES ARRÊTS DES COURS

COUT DES DIVERS ACTES NÉCESSITÉS PAR L'APPOSITION ET LA LEVÉE
DES SCELLÉS AVEC LES DROITS D'ENREGISTREMENT

Formules pour Appositions, Levée de scellés, Referé Oppositions, etc.

Nouveau tarif des Greffiers. — Projet de décret

PAR

Adolphe d'HOOGHE
Juge de paix du Canton Ouest de Cambrai-Nord

PARIS
LIBRAIRIE MARESCQ AINÉ
A. CHEVALIER-MARESCQ & Cie, ÉDITEURS
20, RUE SOUFFLOT, 20

1902

DES

APPOSITIONS

ET DES

LEVÉES DE SCELLÉS

DU MÊME AUTEUR :

Adolphe d'HOOGHE, *Juge de paix du Canton Ouest de Cambrai.*

---

1. **Traité sur la saisie-arrêt.** Loi de janvier 1895.
2. **Des ouvriers et de la requête civile en justice de paix.**
3. **Du bail à loyer.**
4. **Code Manuel des propriétaires des biens ruraux.** Droits et obligations des fermiers. Droit rural.
5. **Code de procédure civile.**
6. **Des tarifs civils.**
7. **Code des huissiers.**
8. **Code des greffiers.**
9. **Traité sur les actions possessoires.**

PROCHAINEMENT

Manuel encyclopédique, théorique et pratique des juges de paix, de leurs suppléants et greffiers, avec les formules de tous les actes extrajudiciaires placés à la suite de chaque titre. 3 gros volumes.

DES
APPOSITIONS
ET DES
LEVÉES DE SCELLÉS

COMMENTAIRE ARTICLE PAR ARTICLE
DU CODE DE PROCÉDURE CIVILE AVEC LA DOCTRINE DES AUTEURS
ET LES ARRÊTS DES COURS

COUT DES DIVERS ACTES NÉCESSITÉS PAR L'APPOSITION ET LA LEVÉE DES SCELLÉS AVEC LES DROITS D'ENREGISTREMENT

Formules pour Appositions, Levée de scellés, Reféré Oppositions, etc.

Nouveau tarif des Greffiers. — Projet de décret

PAR

Adolphe d'HOOGHE
Juge de paix du Canton Ouest de Cambrai-Nord

PARIS
LIBRAIRIE MARESCQ AINÉ
A. CHEVALIER-MARESCQ & Cie, ÉDITEURS
20, RUE SOUFFLOT, 20

1902

DES APPOSITIONS

ET

DES LEVÉES DE SCELLÉS

Texte des articles du Code de procédure civile

907. Lorsqu'il y aura lieu à l'apposition des scellés après décès, elle sera faite par les juges de paix, et à leur défaut, par leurs suppléants. — *Pr*. 68, 135, 591, 908 s. ; *C*. 114, 270, 451, 600, 769, 773, 810, 819, 820, 1031-1034. ; *Co*. 445 s.; *P*. 249.

908. Les juges de paix et leurs suppléants se serviront d'un sceau particulier, qui restera entre leurs mains, et dont l'empreinte sera déposée au greffe du tribunal de première instance.

909 L'apposition des scellés pourra être requise :

1° Par tous ceux qui prétendront droit dans la succession ou dans la communauté ;

2° Par tous créanciers fondés en titre exécutoire, ou autorisés par une permission soit du président du tribunal de première instance, soit du juge de paix du canton où le scellé doit être apposé ;

3° Et en cas d'absence, soit du conjoint, soit des héritiers ou de l'un d'eux, par les personnes qui demeureraient avec le défunt, et par ses serviteurs et domestiques. — *Pr*. 907, 930; *C*. 819, 820, 1166.

910. Les prétendants-droit et les créanciers mineurs émancipés pourront requérir l'apposition des scellés sans l'assistance de leur curateur.

S'ils sont mineurs non émancipés, et s'ils n'ont pas de tuteur, ou s'il est absent, elle pourra être requise par un de leurs parents. — *Pr.* 909, 930 ; *C.* 388, 476 s., 481, 490, 882, 1166.

911. Le scellé sera apposé, soit à la diligence du ministère public, soit sur la déclaration du maire ou adjoint de la commune, et même d'office par le juge de paix :

1° Si le mineur est sans tuteur, et que le scellé ne soit pas requis par un parent ;

2° Si le conjoint, ou si les héritiers ou l'un d'eux, sont absents. — *LL.* 11 *ventôse et* 16 *fructidor an II, s'il y a un militaire parmi les héritiers.*

3° Si le défunt était dépositaire public ; auquel cas le scellé ne sera apposé que pour raison de ce dépôt et sur les objets qui le composent. — *Pr.* 83, 907, 912, 914, 930 ; *C.* 451, 819. — *L.* 13 *nivôse an X, prescrivant d'apposer les scellés au décès des officiers généraux.*

912. Le scellé ne pourra être apposé que par le juge de paix des lieux ou par ses suppléants. — *Pr.* 907, 911

913. Si le scellé n'a pas été apposé avant l'inhumation, le juge constatera, par son procès-verbal, le moment où il a été requis de l'apposer, et les causes qui ont retardé soit la réquisition, soit l'apposition. — *Pr.* 914.

914. Le procès-verbal d'apposition contiendra :

1° La date des an, mois, jour et heure ;

2° Les motifs de l'apposition ;

3° Les noms, profession et demeure du requérant, s'il y en a, et son élection de domicile dans la commune où le scellé est apposé, s'il n'y demeure. — *Pr.* 910 ; *C.* 102, 111.

4° S'il n'y a pas de partie requérante, le procès-verbal énoncera que le scellé a été apposé d'office ou sur la réquisition, ou sur la déclaration de l'un des fonctionnaires dénommés dans l'article 911 ;

5° L'ordonnance qui permet le scellé, s'il en a été rendu ;

6° Les comparution et dire des parties ;

7° La désignation des lieux, bureaux, coffres, armoires, sur les ouvertures desquels le scellé a été apposé ;

8° Une description sommaire des effets qui ne sont pas mis sous les scellés. — *Pr.* 924.

9° Le serment, lors de la clôture de l'apposition, par ceux qui demeurent dans le lieu, qu'ils n'ont rien détourné, vu ni su qu'il ait été rien détourné directement ni indirectement. — *Pr.* 943.

10° L'établissement du gardien présenté, s'il a les qualités requises ; sauf, s'il ne les a pas, ou s'il n'en est pas présenté, à en établir un d'office par le juge de paix. — *Pr.* 596 s., 915 s., 936, 943 ; *C.* 2060.

915. Les clefs des serrures sur lesquelles le scellé a été apposé resteront, jusqu'à sa levée, entre les mains du greffier de la justice de paix, lequel fera mention, sur le procès-verval, de la remise qui lui en aura été faite ; et ne pourront, le juge ni le greffier, aller, jusqu'à la levée, dans la maison où est le scellé, à peine d'interdiction, à moins qu'ils n'en soient requis, ou que leur transport n'ait été précédé d'une ordonnance motivée. — *Pr.* 914, 1029.

916. Si, lors de l'apposition, il est trouvé un testament ou autres papiers cachetés, le juge de paix en constatera la forme extérieure, le sceau et la suscription, s'il y en a, paraphera l'enveloppe avec les parties présentes, si elles le savent ou le peuvent, et indiquera les jour et heure où le paquet sera par lui présenté au président du tribunal de première instance : il fera mention du tout sur son procès-verbal, lequel sera signé des parties, sinon mention sera faite de leur refus. — *Pr.* 914, 917 s., 920 ; *C.* 970, 976, 1007.

917. Sur la réquisition de toute partie intéressée, le juge de paix fera, avant l'apposition du scellé, la perquisition du testament dont l'existence sera annoncée ; et s'il le trouve, il procèdera ainsi qu'il est dit ci-dessus. — *Pr.* 916, 920, 938.

918. Aux jour et heure indiqués, sans qu'il soit besoin d'aucune assignation, les paquets trouvés cachetés seront présentés par le juge de paix au président du tribunal de première instance, lequel en fera l'ouverture, en constatera l'état, en ordonnera le dépôt si le contenu concerne la succession. — *Pr.* 916 ; *C.* 1007.

919. Si les paquets cachetés paraissent, par leur suscription, ou par quelque autre preuve écrite, appartenir à des tiers, le président du tribunal ordonnera que ces tiers seront appelés dans un délai qu'il fixera, pour qu'ils puissent assister à l'ouverture : il la fera au jour indiqué, en leur présence ou à leur défaut ; et si les paquets sont étrangers à la succession, il les leur remettra sans en faire connaître le contenu, ou les cachettera de nouveau pour leur être remis à leur première réquisition. — *Pr.* 939.

920. Si un testament est trouvé ouvert, le juge de paix en constatera l'état, et observera ce qui est prescrit à l'article 916.

921. Si les portes sont fermées, s'il se rencontre des obstacles à l'apposition des scellés, s'il s'élève, soit avant, soit pendant le scellé, des difficultés, il y sera statué en référé par le président du tribunal A cet effet, il sera sursis, et établi par le juge de paix garnison extérieure, même intérieure, si le cas y échet ; et il en référera sur-le-champ au président du tribunal.

Pourra néanmoins le juge de paix, s'il y a péril dans le retard, statuer par provision, sauf à en référer ensuite au président du tribunal. — *Pr.* 587, 806 s., 922 s.

922. Dans tous les cas où il sera référé par le juge de paix au président du tribunal, soit en matière de scellé, soit en autre matière, ce qui sera fait et ordonné sera constaté sur le procès-verbal dressé par le juge de paix ; le président signera ses ordonnances sur ledit procès-verbal. — *Pr.* 135, 809, 811, 914, 916.

923. Lorsque l'inventaire sera parachevé, les scellés ne pourront être apposés, à moins que l'inventaire ne soit attaqué, et qu'il ne soit ainsi ordonné par le président du tribunal.

Si l'apposition des scellés est requise pendant le cours de l'inventaire, les scellés ne seront apposés que sur les objets non inventoriés.

924. S'il n'y a aucun effet mobilier, le juge de paix dressera un procès-verbal de carence.

S'il y a des effets mobiliers qui soient nécessaires à l'usage des personnes qui restent dans la maison, ou sur lesquels le scellé ne puisse être mis, le juge de paix fera un procès-verbal contenant description sommaire desdits effets. — *Pr.* 914.

925. Dans les communes où la population est de vingt mille âmes et au-dessus, il sera tenu, au greffe du tribunal de première instance, un registre d'ordre pour les scellés, sur lequel seront inscrits, d'après la déclaration que les juges de paix de l'arrondissement seront tenus d'y faire parvenir dans les vingt-quatre heures de l'apposition : 1° les noms et demeures des personnes sur les effets desquelles le scellé aura été apposé ; 2° le nom et la demeure du juge qui a fait l'apposition ; 3° le jour où elle a été faite.

TITRE DEUXIÈME

Des oppositions aux scellés

926. Les oppositions aux scellés pourront être faites, soit par une déclaration sur le procès-verbal des scellés, soit par exploit signifié au greffier du juge de paix. — *Pr.* 68, 914, 927, 931 s., 1039; *C.* 821.

927. Toutes oppositions à scellé contiendront, à peine de nullité, outre les formalités communes à tout exploit :

1° Election de domicile dans la commune ou dans l'arrondissement de la justice de paix où le scellé est apposé, si l'opposant n'y demeure pas ;

2° L'énonciation précise de la cause de l'opposition. — *Pr.* 61, 68, 926, 1029.

TITRE TROISIÈME

De la levée du scellé

928. Le scellé ne pourra être levé et l'inventaire fait que trois jours après l'inhumation s'il a été apposé auparavant, et trois jours après l'apposition si elle a été faite depuis l'inhumation, à peine de nullité des procès-verbaux de levée de scellés et inventaire, et des dommages et intérêts contre ceux qui les auront faits et requis : le tout, à moins que, pour des raisons urgentes et dont il sera fait mention dans son ordonnance, il n'en soit autrement ordonné par le président du tribunal de première instance. Dans ce cas, si les parties qui ont droit d'assister à la levée ne sont pas présentes, il sera appelé pour elles, tant à la levée qu'à l'inventaire, un notaire nommé d'office par le président. — *Pr.* 128, 135, 806 s., 936, 940, 1029 ; *C.* 479, 1149, 1382.

929. Si les héritiers ou quelques-uns d'eux sont mineurs non émancipés, il ne sera pas procédé à la levée des scellés, qu'ils n'aient été, ou préalablement pourvus de tuteurs, ou émancipés. — *Pr.* 882 s., 911, 928 ; *C.* 405, 476 s.

930. Tous ceux qui ont droit de faire apposer les scellés pourront en requérir la levée, excepté ceux qui ne les ont fait apposer qu'en exécution de l'article 909, n° 3 ci-dessus. — *Pr.* 768, 909-911 ; *Co.* 479.

931. Les formalités pour parvenir à la levée des scellés seront :

1° Une réquisition à cet effet consignée sur le procès-verbal du juge de paix ;

2° Une ordonnance du juge, indicative des jour et heure où la levée sera faite ;

3° Une sommation d'assister à cette levée, faite au conjoint survivant, aux présomptifs héritiers, à l'exécuteur testamentaire, aux légataires universels et à titre universel s'ils sont connus, et aux opposants.

Il ne sera pas besoin d'appeler les intéressés demeurant hors de la distance de cinq myriamètres ; mais on appellera pour eux, à la levée et à l'inventaire, un notaire nommé d'office par le président du tribunal de première instance. — *C.* 113.

Les opposants seront appelés aux domiciles par eux élus. — *Pr.* 927 s., 932 s., 936, 942 ; *C.* 111 s., 724, 928, 942, 1003, 1010, 1025.

932 Le conjoint, l'exécuteur testamentaire, les héritiers, les légataires universels et ceux à titre universel, pourront assister à toutes les vacations de la levée du scellé et de l'inventaire, en personne ou par un mandataire.

Les opposants ne pourront assister, soit en personnes, soit par un mandataire, qu'à la première vacation : ils seront tenus de se faire représenter, aux vacations suivantes, par un seul mandataire pour tous, dont ils conviendront : sinon il sera nommé d'office par le juge.

Si parmi ces mandataires se trouvent des avoués du tribunal de première instance du ressort, ils justifieront de leurs pouvoirs par la représentation du titre de leur partie ; et l'avoué le plus ancien, suivant l'ordre du tableau, des créanciers fondés en titre authentique, assistera de droit pour tous les opposants : si aucun des créanciers n'est fondé en titre authentique, l'avoué le plus ancien des opposants fondés en titre privé assistera L'ancienneté sera définitivement réglée à la première vacation. — *Pr.* 529, 536, 917, 934 ; *C.* 1317 s., 1322, 1328.

933. Si l'un des opposants avait des intérêts différents de ceux des autres, ou des intérêts contraires, il pourra assister en personne, ou par un mandataire particulier, à ses frais.

934. Les opposants pour la conservation des droits de leur débiteur ne pourront assister à la première vacation, ni concourir au choix d'un mandataire commun pour les autres vacations — *Pr.* 778, 931, 932 ; *C.* 1166 s.

935. Le conjoint commun en biens, les héritiers, l'exécuteur testamentaire, et les légataires universels ou à titre universel, pourront convenir du choix d'un ou deux notaires et d'un ou deux commissaires-priseurs ou experts ; s'ils n'en conviennent pas, il sera procédé, suivant la nature des objets, par un ou deux notaires, commissaires-priseurs ou experts, nommés d'office par le président du tribunal de première instance. Les experts prêteront serment devant le juge de paix. — *Pr.* 305, 936.

936. Le procès-verbal de levée contiendra : 1° la date ; 2° les noms, profession, demeure et élection de domicile du requérant ; 3° l'énonciation de l'ordonnance délivrée pour la levée ; 4° l'énonciation de la sommation prescrite par l'article 931 ci-dessus ; 5° les comparutions et dires des parties ; 6° la nomination des notaires, commissaires-priseurs et experts qui doivent opérer ; 7° la reconnaissance des scellés, s'ils sont sains et entiers ; s'ils ne le sont pas, l'état des altérations, sauf à se pourvoir ainsi qu'il appartiendra pour raison desdites altérations ; 8° les réquisitions à fin de perquisitions, le résultat desdites perquisitions et toutes autres demandes sur lesquelles il y aura lieu de statuer. — *Pr.* 914, 917, 930 s., 937 s., 943 ; *P.* 249 s.

937. Les scellés seront levés successivement, et à fur et à mesure de la confection de l'inventaire : ils seront réapposés à la fin de chaque vacation. — *Pr.* 941 s. ; *Co.* 479 s.

938. On pourra réunir les objets de même nature, pour être inventoriés successivement suivant leur ordre ; ils seront, dans ce cas, replacés sous les scellés.

939. S'il est trouvé des objets et papiers étrangers à la succession et réclamés par des tiers, ils seront remis à qui il appartiendra ; s'ils ne peuvent être remis à l'instant, et qu'il soit nécessaire d'en faire la description, elle sera faite sur le procès-verbal des scellés, et non sur l'inventaire. — *Pr.* 919, 936.

940. Si la cause de l'apposition des scellés cesse avant qu'ils soient levés, ou pendant le cours de leur levée, ils seront levés sans description. — *Pr.* 930.

COMMENTAIRE

Art. 907. — Lorsqu'il y aura eu apposition de scellés après décès, elle sera faite par les juges de paix, et à leur défaut, par les suppléants.

Le scellé est une opération qui consiste à appliquer des bandes de papier ou de tissus sur la porte d'une chambre ou d'un appartement, ou sur l'ouverture d'un meuble, et à y fixer les bandes avec des cachets de cire revêtus du sceau du magistrat qui procède à cette opération.

Le magistrat (sauf dans certains cas prévus par le Code d'instruction criminelle), qui doit et seul peut apposer les scellés est le juge de paix ou l'un de ses suppléants.

Une circulaire du 26 février 1853 confirmée par des instructions du parquet de la Seine défend que l'apposition soit faite par le greffier. Cependant, à tort, à Paris, les greffiers apposent souvent seuls les scellés.

Une apposition commencée par le juge de paix peut être continuée par le suppléant.

Le greffier peut faire le travail matériel de l'apposition, mais le juge de paix assiste et dirige.

En cas d'absence du juge de paix ou de ses suppléants, l'article 1. loi 16-26 ventôse an XII prescrit : « Qu'en cas d'empêchement légitime du juge de paix et de ses suppléants, *le tribunal* de 1re instance dans l'arrondissement duquel est située la justice de paix, renverra les parties devant le juge de paix le plus voisin ».

Carré prétend qu'en cas d'absence ou d'empêchement, le *président* du tribunal peut désigner un juge de paix voisin.

Il ne le dit pas, mais il s'appuie sans doute sur un arrêt en date du 16 mai 1842. Nous n'admettons ni l'opinion de notre collègue ni l'arrêt sus-mentionné. L'art. 1, l. 16-26 ventôse an XII, est formel et dispose : que le *tribunal* et non le *président* renverra les parties devant le juge de paix le plus voisin.

Les cas dans lesquels la loi autorise ou prescrit l'apposition des scellés ne sont pas limitatifs.

C'est une mesure de protection. Il doit donc y être procédé chaque fois qu'un intérêt sérieux de conservation l'exige. Mais le juge de paix ne doit acquiescer à cette requête que s'il y a en jeu de graves présomptions de détournement.

Toutefois on ne pourrait apposer le scellé, sous prétexte de conserver les effets de la succession, avant le décès d'un malade à moins que ce soit le malade lui-même qui le demande.

Un tribunal qui ordonne une apposition de scellés ne peut commettre l'un de ses membres, il doit faire procéder à cette opération par le juge de paix. 12 floréal an XII.

D'après l'ordonnance du 20 août 1817 article 2, quand il s'agit de faire des appositions de scellés dans l'intérieur des palais, châteaux, maisons de l'État et leurs dépendances, les officiers de justice qui en sont chargés, doivent se présenter au gouverneur ou à celui auquel, en son absence, appartient la surveillance, lequel pourvoit immédiatement à ce qu'aucun empêchement ne leur soit donné.

Quand y a-t-il lieu à apposition de scellés en règle générale ? — 1° Dans le cas de l'article 591. P. R. civ. Dans une opération de saisie-exécution, si le saisi est absent ou qu'il y ait refus d'ouvrir aucune pièce ou meuble, l'huissier en requerra l'ouverture ; et s'il se trouve des papiers, il demandera l'apposition des scellés par l'officier appelé pour l'ouverture.

2° 270. C. c. La femme commune en biens, demanderesse ou défenderesse en divorce, pourra, en tout état de cause, à partir de la date de l'ordonnance dont il est fait mention en l'article 238, requérir, pour la conservation de ses droits, l'apposition des scellés sur les effets mobiliers de la communauté. Ces scellés ne seront levés qu'en faisant inventaire avec prisée, et à la charge par le mari de représenter les choses inventoriées, ou de répondre de leur valeur comme gardien judiciaire.

3° 451. C. c. Dans les dix jours qui suivront celui de sa nomination, dûment connue de lui, le tuteur requerra la levée des scellés, s'ils ont été apposés, et fera procéder immédiatement à l'inventaire des biens du mineur, en présence du subrogé-tuteur.

S'il lui est dû quelque chose par le mineur, il devra le déclarer dans l'inventaire, à peine de déchéance, et ce, sur la réquisition que l'officier public sera tenu de lui en faire, et dont mention sera faite au procès-verbal.

4° 769. C. c. Le conjoint survivant et l'administration des domaines qui prétendent droit à la succession, sont tenus de faire apposer les scellés, et de faire faire inventaire dans les formes prescrites pour l'acceptation des successions sous bénéfice d'inventaire.

5° 819. C. c. Si tous les héritiers sont présents et majeurs, l'apposition de scellés sur les effets de la succession n'est pas nécessaire, et le partage peut être fait dans la forme et par tel acte que les parties intéressées jugent convenable.

Si tous les héritiers ne sont pas présents, s'il y a parmi eux des mineurs ou des interdits, le scellé doit être apposé dans le plus bref délai, soit à la requête des héritiers, soit à la diligence du procureur de la République près le tribunal de première instance, soit d'office par le juge de paix dans l'arrondissement duquel la succession est ouverte.

820. C. c. Les créanciers peuvent aussi requérir

l'apposition des scellés en vertu d'un titre exécutoire ou d'une permission du juge.

6° 1031. C. c. Les exécuteurs testamentaires feront apposer les scellés, s'il y a des héritiers mineurs, interdits ou absents.

Ils feront faire, en présence de l'héritier présomptif, ou lui dûment appelé, l'inventaire des biens de la succession.

Ils provoqueront la vente du mobilier, à défaut de deniers suffisants pour acquitter les legs.

Ils veilleront à ce que le testament soit exécuté ; et ils pourront, en cas de contestation sur son exécution, intervenir pour en soutenir la validité.

Ils devront, à l'expiration de l'année du décès du testateur, rendre compte de leur gestion.

7° 455. C. c. Par le jugement qui déclarera la faillite, le tribunal ordonnera l'apposition des scellés et le dépôt de la personne du failli dans la maison d'arrêt pour dettes, ou la garde de sa personne par un officier de police ou de justice, ou par un gendarme.

Néanmoins, si le juge-commissaire estime que l'actif du failli peut être inventorié en un seul jour, il ne sera point apposé de scellés et il sera immédiatement procédé à l'inventaire.

Il ne pourra, en cet état, être reçu, contre le failli, d'écrou ou recommandation pour aucune espèce de dettes.

8° Le cas de présomption d'absence impose aussi l'apposition de scellés 114 C. c.

9° Et en matière d'interdiction.

10° Dans le cas de l'art. 911 P. R. civ. que nous verrons plus loin.

11° Après le décès d'un notaire ou autre possesseur de minutes. Art. 61. l. 25, ventôse an XI.

12° En cas de décès du titulaire d'une cure, d'un évêque, ou archevêque. Décr. 6 oct. 1813. v. sous l'art. 911.

13° En cas de séparation de biens.

14° En cas de dissolution de société. Combinaison des art. 820. 1872 C. c.

Il y a encore lieu à apposition de scellés, d'après l'arrêté du 13 nivôse an X, après le décès des officiers généraux ou supérieurs, des commissaires ordonnateurs, des inspecteurs aux revues et des officiers de santé ; les scellés doivent être apposés sur les papiers, cartes, plans et mémoires militaires.

De même après le décès des fonctionnaires qui, par la nature de leurs fonctions, sont présumés dépositaires des papiers de l'État, il y a lieu à l'apposition des scellés sur leurs papiers, à la réquisition du gouvernement, afin de rechercher ceux qui appartiennent à l'État.

Lorsqu'un militaire, appartenant à un corps, vient à décéder sur le territoire français, le juge de paix de l'arrondissement met les scellés sur les effets du défunt. Le scellé est levé dans le plus bref délai en présence d'un officier chargé par le conseil d'administration d'y assister et de signer le procès-verbal de désignation des effets. La vente en est faite avec les formalités requises par la loi, et le produit, déduction faite des frais, remis au conseil d'administration qui le déposera dans la caisse du corps et en restera responsable. Instr. 15 nov. 1809, titre 3, art. 123.

La règle suivant laquelle les scellés doivent être apposés par le juge de paix seulement reçoit exception dans les cas suivants : 1° En matière de saisie exécution, les scellés placés sur les papiers du saisi dans le cas prévu par l'article 591. P. R. Civ. sont apposés par l'officier public qui a accompagné l'huissier.

2° En matière criminelle l'apposition des scellés est faite par tous officiers de police judiciaire.

3° En matière de prise maritime, les scellés sur les objets des vaisseaux capturés doivent être apposés par l'officier d'administration du port dans lequel les prises sont amenées. Arrêté 6 germinal an VIII, art. 8.

4° En cas d'apposition des scellés après le décès des princes et princesses de la famille impériale. Art. 23 du statut du 21 juin 1833.

Dans les pays étrangers, les consuls sont chargés d'apposer les scellés sur les biens des Français décédés dans les pays où ils exercent leurs fonctions.

Art. 908. — Les juges de paix et leurs suppléants se serviront d'un sceau particulier qui restera entre leurs mains et dont l'empreinte sera déposée au greffe du tribunal de première instance.

Un décret des 25-27 septembre 1870 doit être ici mentionné, il est relatif au sceau de l'État et aux sceaux, timbres et cachets des cours, tribunaux, *justices de paix* et notaires.

C'est l'article 2 qui indique la forme du sceau des justices de paix, il est ainsi conçu :

Les sceaux, timbres et cachets des cours, tribunaux, *justices de paix* et notaires porteront pour type la figure de la liberté, telle qu'elle est déterminée pour le sceau de l'État, pour exergue : République Française, et pour légende le titre des autorités ou officiers publics par lesquels ils sont employés.

Art. 909. — L'apposition de scellés pourra être requise :

1° Par tous ceux qui prétendront droit dans la succession ou dans la communauté.

2° Par tous créanciers fondés en titre exécutoire ou autorisés par une permission soit du président du tribunal de première instance, soit du juge de paix du canton où le scellé doit être apposé.

3° Et en cas d'absence soit du conjoint, soit des héritiers ou de l'un d'eux, par les personnes qui demeuraient avec le défunt, et par ses serviteurs ou domestiques.

L'apposition des scellés peut être faite d'office ; elle peut aussi être requise ; c'est de ce cas que nous parlerons.

Il résulte de l'art. 909 P. R. civ. que trois catégories de personnes peuvent requérir l'apposition de scellés :

1° Par tous ceux qui prétendront droit dans la succession ou dans la communauté.

Quels sont ceux qui d'ordinaire peuvent prétendre droit à la succession ?

Ce sont d'abord les héritiers légitimes.

Mais *quid?* des héritiers légitimes non réservataires qui ont été exclus de la succession par un testament instituant un légataire universel ?

Si le légataire universel se trouve en présence d'héritiers à réserve, qui sont saisis et qui possèdent les biens de la succession, il pourra demander l'apposition de scellés comme mesure de défiance contre les héritiers. Mais le légataire universel qui ne se trouve pas en concours avec des héritiers à réserve a la saisine 1006. C. c.; il n'y a pas lieu, dans ce cas, à apposer les scellés, à moins que les héritiers n'aient attaqué le testament avant l'envoi en possession du légataire universel. Sous cette réserve, ils pourront faire apposer les scellés.

L'article 909 est limitatif, il a voulu que des étrangers à la succession ne puissent s'immiscer dans les affaires de famille. En effet, si celui qui est exclu d'un testament ne proteste pas contre son exclusion, en introduisant une action en nullité, c'est qu'il reconnaît qu'il n'a aucun droit.

Les intérêts, du reste, de ces héritiers exclus sont garantis par l'art. 917 P. R. civ. qui dispose : que sur la réquisition de toute partie intéressée, le juge de paix fera, avant l'apposition des scellés, la perquisition du testament dont l'existence serait annoncée.

Les héritiers légitimes étant des parties intéressées pourraient aussi requérir cette recherche à la levée de scellés.

Si les recherches n'aboutissent pas, le légataire universel ne peut être tenu à faire inventaire.

Si au contraire un testament est découvert manifestant les droits des héritiers légitimes, le droit de procéder à l'inventaire de la succession en sera la conséquence.

2° L'enfant naturel et ses héritiers, s'il est décédé.

L'enfant adultérin n'a droit qu'à des aliments.

3° Le donataire et le légataire universel.

Le donataire et le légataire à titre universel.

4° Le donataire et le légataire particulier.

Il faut que le droit des légataires universels ou particuliers soit sérieux ; *qu'il soit justifié.*

L'allégation de la possibilité d'un testament est insuffisante pour autoriser la réquisition aux fins d'opposition.

5° L'exécuteur testamentaire.

6° Le conjoint survivant, soit qu'il prétende à la communauté, soit qu'à défaut d'héritiers du sang, il prétende à la succession.

7° L'Etat, à défaut d'héritiers du sang et de conjoint survivant.

Il faut encore ajouter :

Le grevé, en cas de substitution.

A son défaut, les appelés s'ils sont majeurs ;

Leur tuteur ou curateur s'ils sont mineurs ou interdits ; et dans tous les cas, les parents des appelés, agissant pour eux, le tuteur à la restitution et même d'office, dans l'intérêt des appelés ; dans l'inaction du tuteur, le mineur pourrait requérir l'apposition ainsi que l'interdit ; 910 P. R. civ.

Le Procureur de la République près le tribunal du lieu où la succession est ouverte conformément aux articles 1055-1056-1057-1060-1061. C. c.

Peu importe que les légataires donataires ou autres prétendants droit à la succession réclament une quote-part en usufruit ou en nuepropriété. Dans l'un comme dans l'autre cas, ils ont intérêt aux mesures conservatoires sur les effets mobiliers de la succession. S'il y avait deux légataires universels 1003 C. c., l'un pourrait requérir contre l'autre l'apposition des scellés.

Ou dans la communauté. — Les mêmes règles s'appliquent à la communauté, même si celle-ci s'ouvre du vivant des époux comme par exemple dans le cas de divorce, séparation de corps ou de biens. Il appartient à la femme qui n'a pas confiance en son mari d'exercer ces mesures conservatoires de ses droits.

Par tous les créanciers fondés en titre exécutoire, ou autorisés par une permission du président ou du juge de paix. — Les créanciers dont la créance est certaine, authentique, ont le plus grand intérêt à la conservation de leurs droits.

L'article 909 P. R. civ. confirme l'art. 820. C. c. « Les créanciers peuvent aussi requérir l'apposition des scellés en vertu d'un titre exécutoire ou d'une permission du juge ».

L'apposition des scellés étant une simple mesure conservatoire non attributive de droits peut avoir lieu pour la sauvegarde d'une créance non échue ou conditionnelle avant l'échéance de la condition. L'article 1180 C. c. le dit :

« Le créancier peut avant que la condition soit accomplie, exercer tous les actes conservatoires de son droit ».

Et puis, le bien du débiteur n'est-il pas, aux termes de l'art. 2093. C. c., le gage commun des créanciers.

Mais ce que peut le créancier direct du *de cujus* ou de la communauté, le créancier personnel d'un héritier le peut également, et cela, en conformité de l'article 1166 C. c. « Les créanciers peuvent exercer tous les droits et actions de leur débiteur à l'exception de ceux qui sont exclusivement attachés à la personne ».

L'article 909 P. R. Civ. est donc applicable aux créanciers des héritiers. Et cela est très juste, car n'y aurait-il pas crainte que les héritiers s'entendissent entre eux pour dissimuler les forces de la succession au préjudice des créanciers.

Le droit des créanciers de faire apposer les scellés dérive encore de l'article 821 C. c. qui leur permet de former opposition à la levée des scellés sans titre exécutoire ni permission du juge, et d'après l'article 932 P. R. civ. ils peuvent assister soit en personne, soit par mandataire à la première vacation de la levée de scellés et de l'inventaire, à défaut de titre exécutoire le président ou le juge de paix sur le vu d'un titre en apparence fondé peuvent autoriser le scellé.

Mineur émancipé. — Le mineur émancipé peut requérir l'apposition sans l'assistance de son curateur.

La femme en instance de séparation de corps et de biens, ou de divorce n'a pas besoin de l'autorisation de justice pour faire apposer le scellé au domicile conjugal.

Le mari, qu'il soit demandeur ou défendeur en instance de divorce ou de séparation de biens, peut requérir l'opposition.

Il peut aussi faire la même réquisition pour la conservation d'une succession échue à sa femme, s'il est marié sous le régime de la communauté.

Il n'aurait pas qualité après divorce ou séparation de corps et de biens.

Il y a controverse sur le point de savoir si les scellés peuvent être apposés dans une maison étrangère à celle habitée par le défunt. Nous croyons que le juge de paix devrait en référer au président du tribunal et n'agir qu'après avoir tiré de lui une ordonnance l'autorisant à agir.

Si le juge de paix estime que le titre sur lequel s'appuie l'ayant-droit pour requérir l'apposition de scellés, est en dehors de ceux énumérés en l'art. 909, P. R. civ., peut-il se refuser à la requête.

Selon-nous, comme l'art. 909, P. R. civ. n'est pas limitatif, il peut se présenter différentes circonstances à la suite desquelles l'apposition des scellés peut être demandée par mesure conservatoire, et comme le juge de paix n'est pas libre de trancher la question, il fera bien de demander au président du tribunal, à qui il soumettra le cas, une ordonnance le mettant à couvert.

Serviteurs et domestiques. — Cette catégorie de personnes auxquelles l'art. 909, P. R. civ., autorise de requérir l'apposition de scellés n'a qualité que s'il y a non présence du conjoint, des héritiers ou de l'un d'eux. Le législateur a voulu venir au secours des absents et prévenir les fraudes qui pourraient se pratiquer contre eux.

Ce n'est pas seulement dans l'intérêt exclusif des héritiers que la loi autorise l'apposition des scellés, dans le cas spécial, à la requête des serviteurs et domestiques; c'est aussi dans leur propre intérêt, afin qu'aucune suspicion de détournement ne puisse peser sur eux et afin de mettre à l'abri leur responsabilité.

Art. 910. — Les prétendants-droit et les créanciers mineurs émancipés pourront requérir l'apposition des scellés, sans l'assistance de leur curateur.

S'ils sont mineurs non émancipés, et s'ils n'ont pas de tuteur, ou s'il est absent, elle pourra être requise par un de leurs parents.

Si l'on combine l'art. 1124 C. c., avec l'art. 1305, C. c. qui ont les apparences de la contradiction, on se convaincra que le mineur n'est pas incapable de contracter dans le sens abstrait du mot, il est seulement incapable de se léser.

L'article 1124 C. c., déclare incapables de contracter : les mineurs, les interdits.

L'art. 1305 C. c., dispose : « La simple lésion donne lieu à la rescision en faveur du *mineur* non émancipé *contre toutes sortes de conventions* ; et en faveur du *mineur émancipé* contre toutes conventions qui excèdent les bornes de sa capacité. ».

Contre toutes sortes de conventions ? — S'il y a rescision pour cause de lésion contre *les conventions* faites par le mineur, il peut donc en établir, puisque la loi ne les déclare nulles que s'il y a lésion.

Or, la réquisition aux fins d'apposition de scellés n'est même pas un contrat, c'est un acte d'administration, *a fortiori* le mineur ne doit pas être regardé comme incapable de requérir cette formalité dans un but conservatoire.

Il est vrai que l'art. 450 C. c., prescrit que le tuteur représentera le mineur dans tous les actes civils. Cette prescription ne doit pas être considérée comme tellement étroite qu'il ne puisse s'ouvrir une place pour la sauvegarde des intérêts du mineur, en cas d'absence ou d'inaction du tuteur.

Pour exercer une mesure conservatoire, si le tuteur ne fait diligence, les parents du mineur peuvent le suppléer en cas d'urgence comme dans un apposition de scellés.

Le droit du mineur d'intervenir dans l'apposition des scellés dérive de l'art. 909 C. c., et aussi de l'art. 1166 C. c. qui dit que les créanciers peuvent exercer tous les droits et action de leur débiteur.

Quant au mineur émancipé, la présence du curateur n'est pas nécessaire. En effet, en vertu de l'article 481, C. c., le mineur émancipé peut faire tous les actes de pure administration.

La réquisition aux fins d'apposition de scellés n'est rien autre chose qu'un acte de pure administration.

Nous allons même plus loin dans notre tolérance, et nous avançons que le mineur âgé de 15 ans environ pourrait réclamer l'apposition de scellés, s'il est sans tuteur, si son tuteur est absent, et si ses parents restent dans l'inaction.

Qui pourrait trouver à redire et sur quel article du Code se baserait-on pour refuser au mineur cet acte de conservation de ses droits ?

Le juge de paix ne reposerait pas sa décision sur la

réquisition pour faire droit à sa demande ; il apposerait les scellés d'office.

Le conseil, à défaut de curateur d'un individu pourvu d'un conseil judiciaire, pourrait réclamer cette même mesure, en cas d'absence ou d'inaction

---

Art. 911. — Le scellé sera apposé soit à la diligence du ministère public, soit sur la déclaration du maire ou adjoint de la commune, et même d'office par le juge de paix.

1° Si le mineur est sans tuteur et que le scellé ne soit pas requis par un parent ;

2° Si le conjoint ou si les héritiers ou l'un d'eux sont absents ;

3° Si le défunt était dépositaire public ; auquel cas, le scellé ne sera apposé que pour raison de ce dépôt, et sur les objets qui le composent.

Le ministère public est chargé au nom de la société de la sauvegarde des intérêts de tous les incapables ; cela résulte par analogie de l'art. 83, P. R. civ.

L'art. 819 C. c. confirme l'argument tiré de l'art. 83, P. R. civ. : Si tous les héritiers ne sont pas présents, s'il y a parmi eux des mineurs ou des interdits, le scellé doit être apposé soit à la requête des héritiers, soit à *requête du procureur de la République : soit d'office par le juge de paix.*

En passant, nous devons mentionner une différence de rédaction entre l'article 911. P. R. civ. et l'article 819 C. c.

Dans le 2e alinéa de ce dernier article il est dit : *S'il y a parmi les héritiers des mineurs et des interdits*, le scellé doit être apposé.

Dans l'article 911, P. R. civ. prescrit : *Si le mineur*

est sans tuteur et que le scellé ne soit pas requis par un parent.

D'une part, l'art. 819, C. c., impose la formalité des scellés s'il y a des mineurs ou des interdits, peu importe qu'ils soient pourvus d'un tuteur.

D'autre part, l'art. 911, P. R. civ., n'impose cette opération que si les mineurs ou interdits ne sont pas protégés par leurs représentants légaux.

C'est à cette dernière disposition de la loi qu'il convient de se ranger. Cela ressort des prescriptions générales du droit.

Il n'y a pas lieu à apposition de scellés si le mineur pourvu d'un tuteur n'a pas de subrogé-tuteur, il est suffisamment représenté pour cette mesure conservatoire.

L'absent et les mineurs n'ont aucun recours contre le juge de paix qui n'aurait pas apposé les scellés sur leur demande.

Il n'y a pas lieu à apposition de scellés si les mineurs ont encore leur père ou leur mère. Ils se trouvent naturellement sous la tutelle légale de l'un d'eux survivant.

De même aussi, après le décès des père et mère, si le mineur a des ascendants ; ceux-ci ont de droit la tutelle légale.

La présence du père et de la mère cesse d'être un obstacle à l'apposition des scellés, quand indépendamment du mineur il y a un enfant majeur *absent.*

Le juge de paix ne peut d'office apposer les scellés

dans l'intérêt d'un mineur, lorsqu'il est représenté un testament contenant un legs universel, à moins qu'il ne soit justifié que le testament est attaqué en nullité.

Le second mari d'une femme décédée n'est pas un obstacle à l'apposition des scellés.

Si un tiers est muni de la procuration de l'absent qui s'oppose à l'apposition des scellés, le juge de paix doit se retirer.

La femme mariée, majeure et présente, pourrait sans procuration de son mari s'opposer aux scellés.

Si le conjoint ou si les héritiers ou l'un d'eux sont absents. — Par le mot absent, il faut entendre : *non présents.*

L'art. 911, P. R. civ., impose la formalité dans l'un comme dans l'autre cas, que ce soit le conjoint, que ce soit l'un des héritiers qui soit non présent, il y a un intérêt égal de part et d'autre qu'aucun détournement puisse être fait par le présent au préjudice des non-présents.

L'art. 1031 C. c., charge aussi l'exécuteur testamentaire de requérir l'apposition des scellés dans l'intérêt des héritiers incapables ou non présents.

Art. 1031, C. c. : « Les exécuteurs testamentaires feront apposer les scellés, s'il y a des héritiers mineurs, interdits ou absents.. . . . .
. . . . »

Cet art. rédigé dans le même esprit doit être limité dans les termes de l'art. 911, P. R. civ.

Si le défunt était dépositaire public. — Par dépositairetaire public, il faut entendre : les notaires, greffiers, receveur d'enregistrement, trésorier payeur général, percepteur, chez tous ceux enfin qui détiennent des minutes, des caisses publiques, papiers appartenant à l'Etat, etc.

Aux termes de l'article 61, l. 25, ventôse an II sur le notariat :

Immédiatement après le décès d'un notaire ou autre possesseur de minutes, les minutes et répertoires sont mis sous les scellés par le juge de paix de la résidence, jusqu'à ce qu'un autre notaire en ait été provisoirement chargé par ordonnance du président du tribunal de la résidence.

Cette mesure peut être prise en cas de disparition, poursuite criminelle ou encore si le successeur prétend que le prédécesseur n'a pas remis toutes les minutes à l'étude. Puis enfin en cas de condamnation à la requête du ministère public.

L'art. 911, P. R. civ., limite l'apposition des scellés chez un dépositaire au dépôt et aux objets qui le composent ; mais on admet qu'elle peut avoir lieu sur les meubles, effets, titres et papiers particuliers.

Le juge de paix doit seulement rédiger deux actes séparés, l'un concernant le dépôt, l'autre relatif au mobilier de la succession.

Il est une autre catégorie de personnes que la loi protège à cause de leur absence forcée du lieu de l'ouverture des successions, ce sont les militaires sous les drapeaux.

Les lois 11 ventôse et 16 fructidor, an II, indiquent les formalités.

Loi 11 ventôse an II

Art. 1. — Immédiatement après l'apposition des scellés sur les effets et papiers délaissés par les père et mère des défenseurs de la patrie, et autres parents dont ils sont héritiers, le juge de paix qui les a apposés, en avertira ces héritiers s'il sait à quel corps ou armée ils sont attachés ; il en instruira pareillement le ministère de la guerre et le double de ses lettres sera copié à la suite de son procès-verbal, avant de le présenter à l'enregistrement, sans augmentation de droits.

Art. 2. — Le délai d'un mois expiré, si l'héritier ne donne pas de ses nouvelles, ou s'il n'envoie pas de procuration, l'agent national de la commune dans laquelle les père et mère sont décédés, convoquera sans frais, devant le juge de paix, la famille et à son défaut, les voisins et amis à l'effet de nommer un curateur à l'absent.

Art. 3. — Ce curateur provoquera la levée des scellés, assistera à leur reconnaissance, pourra faire procéder à l'inventaire et à la vente des meubles, en recevoir le prix, à la charge d'en rendre compte, soit au militaire absent, soit à son fondé de pouvoir.

Art. 4. — Il administrera en bon père de famille.

Loi 16 fructidor, an II

Art. 1. — Les dispositions de la loi précitée concernant les défenseurs de la patrie, sont communes à tout citoyen attaché au service des armées.

Art. 2. — Lorsque les citoyens se trouveront en pays ennemi, soit au bivouac, n'ayant point de notaire pour recevoir leur procuration, ils pourront s'adresser au conseil d'administration du corps auquel ils appartiennent.

Art. 3. — Cette procuration sera signée et certifiée par les membres du conseil. Elle sera scellée du sceau de l'administration.

Art. 4. — Le fondé de pouvoir sera tenu de soumettre la procuration à l'enregistrement, avant de s'en servir, sous peine de nullité.

Un arrêté du 13 nivôse an X et une instruction ministérielle du 8 mars 1823 ordonnent encore l'apposition des scellés dans un intérêt public sur les papiers, plans, actes des officiers généraux ou supérieurs de toute arme.

Arr. 13 nivôse an X.

Art. 1. — Aussitôt après le décès d'un officier général ou supérieur de toute arme, d'un commissaire ordonnateur, inspecteur aux revues, retirés ou en activité de service, les scellés seront apposés sur les plans, papiers, actes, cartes, mémoires militaires autres que ceux dont l'officier est l'auteur, par le juge de paix du lieu du décès, en présence du maire de la commune ou de son adjoint, lesquels sont respectivement tenus d'en instruire, de suite, le général commandant la division militaire et le ministre de la guerre.

Art. 2. — Le général commandant la division nommera, dans les dix jours qui suivront, un officier pour être témoin à la levée des scellés et à l'inventaire.

Art. 3. — Lors de l'inventaire de ces objets, ceux qui seront reconnus appartenir au gouvernement, ou ceux que l'officier jugera devoir l'intéresser, seront inventoriés séparément, et remis au dit officier, sur son reçu. Il sera rendu compte au ministre de la guerre de ceux de ces objets qui appartiendraient en propre à l'intéressé. L'estimation en sera faite et la valeur acquittée à qui de droit sur les fonds affectés au dépôt de la guerre. Le surplus des dits objets sera délivré de suite à ses héritiers ou ayants droit. Copie de l'inventaire et du reçu sera adressée au ministre de la guerre qui veillera à ce que les objets ainsi recouvrés ou acquis soient remis sans délais dans les dépôts à ce destinés.

Art. 4. — A l'égard des officiers décédés en campagne ou sur le champ de bataille, les commissaires de guerre exerceront les fonctions du juge de paix et les officiers de l'état-major sont autorisés à commettre un adjoint à l'état-major ou un officier particulier pour remplir les fonctions énoncées aux art. 2-3. Ils informeront de suite le ministre de la guerre.

Agents diplomatiques. — Un règlement du 20 juillet 1874 indique comme suit les formalités à remplir :

Art. 12. — Après le décès de l'un des fonctionnaires désignés dans les dispositions qui précèdent (ambassadeurs, agents diplomatiques ou consulaires), ses papiers intéressant le service de l'État, tels que les copies de dépêches ou autres pièces qui se trouveraient dans sa succession, soit qu'il ait négligé d'en faire la remise, soit qu'il ait cru ne pas devoir s'en dessaisir à cause de leur caractère strictement et personnellement confidentiel, seront restitués par ses héritiers au ministère des affaires étrangères et déposés dans un local spécial placé sous la garde immédiate du directeur.

Art. 13. — Le ministre des affaires étrangères aura recours, suivant les circonstances qu'il se réserve d'apprécier, soit à un appel amiable adressé aux héritiers de l'agent diplomatique, soit à l'apposition des scellés, pour effectuer le retour aux archives des papiers laissés par cet agent et appartenant à l'État.

§ III. — *Clergé (membres du).*

1. Le décret du 6 novembre 1813 ordonne, dans ses articles 37 et 38, l'apposition d'office des scellés au domicile occupé par un évêque ou un archevêque qui vient de mourir. V. Circ., 8 janv. 1884.

2. L'article 16 du même décret porte : « En cas de décès du titulaire d'une cure, le juge de paix est tenu

d'apposer le scellé d'office, sans rétribution pour lui ni son greffier, ni autres frais, si ce n'est le seul remboursement du papier timbré ».

3. Les scellés sont levés soit à la requête des héritiers, en présence du trésorier de la fabrique, soit à la requête du trésorier de la fabrique, en y appelant les héritiers.

4. Il est procédé par le juge de paix, en présence des héritiers et du trésorier, au récollement du précédent inventaire, contenant l'état de la partie mobilière et des ustensiles dépendant de la cure, ainsi que des titres et papiers la concernant.

5. Expédition de l'acte de recolement est délivrée au trésorier par le juge de paix, avec la remise des titres et papiers dépendant de la cure. V. art. 7, 46. D. 6 nov. 1813.

§ IV. — *Comptables de l'administration des douanes.*

Dans le cas d'apposition de scellés sur les effets et papiers des comptables, les registres de recettes et autres de l'année courante ne seront pas renfermés sous les scellés. Lesdits registres seront seulement arrêtés et paraphés par le juge, qui les remettra au préposé chargé de la recette par intérim, lequel en demeurera garant comme dépositaire de justice, et il en sera fait mention dans le procès-verbal d'apposition des scellés. L. 22 août 1791, titre XIII, art. 21. V. Circ. 10 avril 1879.

§ V. — *Comptables du département de la guerre.*

1. Un règlement du 2 mars 1872, sur la comptabilité des matières appartenant au département de la guerre, contient un article 24 qui intéresse les juges de paix. En voici les termes : « Le juge de paix appelé, dans les cas de décès, de disparition ou d'empêchement, à apposer les scellés sur les effets particuliers du comptable, ne peut s'immiscer en rien dans la reconnaissance des objets appartenant à l'État ».

2. Sur les matières appartenant au ministère de la marine et des colonies il existe aussi un règlement du 20 novembre 1857 dont les prohibitions sont les mêmes.

§ VIII. — *Étrangers.*

C'est une question assez embarrassante que celle de fixer le rôle du juge de paix en présence du décès des étrangers. Où commencent, où s'arrêtent ses droits et ses prérogatives ?

L'une des plus importantes attributions des juges de paix c'est le droit qu'ils ont d'apposer les scellés quand une ouverture de succession leur est signalée.

Les art. 907 et suivants du Code de procédure civile déterminent : 1° quelles personnes peuvent requérir l'apposition des scellés ; 2° les formalités à remplir.

Ces formalités sont les mêmes pour l'étranger *décédé en France* que pour le Français regnicole. Elles étaient plus rigoureusement imposées à l'époque où la loi du 14 juillet 1819 n'ayant pas abrogé l'article 726 du Code civil, la succession d'un étranger établi en France était réputée en déshérence et appréhendée à ce titre par l'administration de l'Enregistrement et des Domaines.

Mais une autorité étrangère a-t-elle le droit d'intervenir soit pour conserver les droits des nationaux, soit pour administrer la succession ?

Des doutes sérieux pouvaient naître sur la nature et l'étendue de ce droit. En principe rigoureux, le droit de juridiction et de constatation n'appartient qu'aux magistrats du territoire. Il semble donc qu'un ministre étranger devrait être exclu. Mait cette considération d'ordre public s'est effacée devant la nécessité reconnue par tous les peuples civilisés, que l'étranger mort sur une terre étrangère fût représenté par un magistrat de sa nation investi de la prérogative de faire les actes conservatoires nécessaires pour sauvegarder les droits des présomptifs héritiers et des créanciers.

En France, c'est le juge de paix du lieu où la succession s'est ouverte qui pose les scellés, soit d'office, soit sur la réquisition qui lui est adressée, et qui dresse procès-verbal de l'opération. L'agent consulaire étranger intervient en croisant son propre sceau avec celui du magistrat.

Les juges de paix doivent informer les consuls les plus rapprochés de leur résidence, du décès de leurs nationaux, afin que si cela est possible, les agents étrangers puissent prendre part à l'apposition des scellés. Circ. min., 19 juin 1847, 31 déc. 1862, 14 juin 1868 ; Circ. Parq. Seine, 25 nov. 1868, 22 déc. 1875.

Les consuls étrangers appelés en vertu de traités internationaux à assister à l'apposition des scellés, lors du décès de leurs compatriotes, ont le droit de croiser leurs scellés avec ceux du magistrat local. Circ. min., 14 janvier 1848.

Il arrive fréquemment, à Paris du moins, que les consuls prévenus du décès de leurs nationaux n'en avisent pas le juge de paix et procèdent sans son concours. Régulièrement ce magistrat devrait assister aux opérations d'apposition et de levée des scellés.

Au cas de décès en France d'un individu prétendu étranger, sans parents légitimes ou naturels, les scellés doivent être levés, non à la requête du consul de la nation à laquelle appartiendrait cet étranger mais à la requête du directeur des Domaines. Cass. 28 juin 1852.

Lorsqu'un consul étranger a croisé ses scellés sur ceux d'un magistrat français, la levée des scellés ne peut être ordonnée que contradictoirement avec ce consul. Trib. Seine, 3 avril 1873.

Le juge de paix doit constater par un procès-verbal l'état de ses propres scellés, l'intervention et l'opération du consul étranger.

Les droits des magistrats cantonaux étant délicats en l'occurence, nous conseillons d'agir avec une extrême prudence, et de s'assurer avant toute opération, s'il existe des traités internationaux et de prévenir le consul.

La France a fait sur le sujet qui nous occupe des traités avec diverses puissances.

Le juge des référés est compétent pour statuer sur les oppositions formées par un consul étranger et par l'administration des domaines français à la levée des scellés apposés après le décès d'un individu décédé en France et dont la qualité d'étranger est mise en question. Arg. Cass. 28 juin 1852.

Il n'y a violation d'aucune loi dans l'arrêt qui, en pareille occurence, reconnaît à l'administration française l'avantage du droit apparent, en s'appuyant sur l'art 767 C. c., auquel le consul étranger n'oppose aucun texte précis, et qui décide que la nationalité étrangère du défunt, en la supposant certaine, ne saurait prévaloir à elle seule sur les dispositions de cet article. Paris, 15 novembre 1833.

Français décédés à l'étranger. — C'est l'ordonnance des 26 octobre-12 novembre 1833 qui, dans son art. 6, indique les formalités à remplir par les consuls.

6. En cas de décès d'un Français, les agents consulaires se bornent à requérir, s'il y a lieu, l'apposition des scellés de la part des autorités locales ; à assister à toutes les opérations qui en seront la conséquence, et à veiller à la conservation de la succession, en tant que l'usage et les lois du pays l'autorisent. — Ils auront soin de rendre compte à nos consuls des mesures qu'ils auront prises en exécution de cet article, et ils atten-

dront leurs pouvoirs spéciaux pour administrer, s'il y a lieu, la succession.

Ici encore il y a lieu de consulter les traités diplomatiques.

Prises maritimes. — Aux termes de l'art. 8 l. 16 germinal an V, en matière de prises maritimes, les scellés sur les vaisseaux capturés sont apposés par l'officier d'administration du port dans lequel les prises sont amenées.

Décès d'un passager à bord d'un navire. — C'est l'administration de la marine qui est chargée d'apposer les scellés sur les effets mobiliers.

Apposition de scellés saisie-exécution. — Il est certains cas où les scellés sont apposés par d'autres officiers publics que les juges de paix.

Ainsi, en cas de saisie-exécution d'un individu absent, et alors que l'huissier a été obligé de requérir l'ouverture des pièces ou meubles, l'apposition des scellés sur les papiers qui peuvent s'y trouver doit être faite par l'officier appelé pour l'ouverture. P. R. civ. art 587-591.

Palais, châteaux, maisons de l'État. — Lorsqu'il y a lieu d'apposer ou lever les scellés, de faire des inventaires ou tous autres actes judiciaires dans l'intérieur des palais, châteaux, maisons de l'État et leurs dépendances, les officiers de justice doivent se présenter au gouverneur ou à celui auquel, en son absence, appartient la surveillance, lequel pourvoit immédiatement à ce qu'aucun empêchement ne leur soit donné. Ord. 20 août 1817.

Décès d'un officier de marine. — C'est le décr. 31 décembre 1886 qui règle les formalités.

31 décembre 1886. — *DÉCRET relatif à l'apposition des scellés lors du décès d'un officier de la marine en activité de service.*

Art. 1er. — Lors du décès d'un officier général, supérieur ou assimilé, de l'un des corps de la marine, en activité de service, l'autorité maritime peut requérir le juge de paix d'apposer les scellés dans le plus bref délai sur les meubles contenant des papiers, cartes, plans ou mémoires susceptibles d'intéresser le département de la marine et trouvés au domicile du défunt.

Art. 2. — La réquisition est adressée directement au juge de paix compétent, suivant les distinctions ci-après : — Si le décédé résidait dans un chef-lieu d'arrondissement ou de sous-arrondissement maritime, par le préfet maritime du ressort ; — S'il résidait dans un établissement de la marine hors des ports, par le directeur de cet établissement ; — Dans tous les autres cas, par le ministre de la marine et des colonies.

Art. 3. — L'autorité maritime peut se faire représenter, à l'apposition ou à la levée des scellés, par un fonctionnaire délégué à cet effet. Ce délégué est désigné par l'autorité qui a formulé la réquisition. — Le juge de paix est tenu d'informer en temps utile le haut fonctionnaire indiqué à l'article précédent de la date et de l'heure de la levée des scellés.

Art. 4. — Lors de l'inventaire des objets mentionnés à l'article 1er, ci-dessus, ceux qui sont reconnus appartenir au gouvernement ou que le délégué de l'autorité maritime juge devoir l'intéresser, sont inventoriés séparément et remis audit délégué sur son reçu. Toutefois les travaux dont le défunt serait l'auteur ne peuvent être saisis et sont délivrés de suite aux ayants droit, ainsi que toutes les pièces dont la distraction n'a pas été demandée au nom du ministre.

Art. 5. — Copies de l'inventaire spécial et du reçu du délégué sont adressées au ministre de la marine et des colonies, qui veille à ce que les documents appartenant à l'État soient remis sans délai dans les dépôts respectifs qui les concernent. Si le ministre le juge convenable, il peut également conserver les pièces dont le défunt serait propriétaire, mais seulement à charge de les faire estimer de concert avec les héritiers et d'en payer la valeur sur les fonds du budget.

Art. 6. — Dans le cas où l'apposition des scellés est uniquement faite dans l'intérêt de l'État, les frais en sont supportés par le budget de la marine.

Art. 7. — Les mêmes formalités peuvent être accomplies au décès de tout officier, fonctionnaire ou agent de la marine ayant rempli une mission ou supposé détenteur de pièces ou documents quelconques intéressant le département.

Art. 8. — A l'égard des officiers décédés à bord des bâtiments ou en campagne, les officiers d'administration exerceront, si le commandant le juge convenable, les fonctions attribuées ci-dessus aux juges de paix par l'article 1er, et le délégué prévu à l'article 3 sera nommé par le commandant du bâtiment ou du détachement, lequel rendra compte au ministre de la marine et lui fera parvenir les pièces indiquées à l'article 5.

En cas du décès d'un étranger en France, l'art. 311 cesse de recevoir son application.

Le juge de paix ne pourrait apposer les scellés sur les meubles du défunt qu'autant qu'il en serait requis par un Français héritier, donataire, légataire.

Le juge de paix ne peut *d'office* apposer les scellés au domicile d'un étranger où déjà ils l'ont été par le consul de la nation de ce dernier.

En cas de décès d'un Portugais en France alors qu'il n'intervient que des intéressés portugais, c'est au consul de Portugal seul d'apposer les scellés et cela bien que des prétendants droit auraient requis le juge de paix d'apposer les scellés.

Officiers ministériels aliénés.

Lorsqu'un officier ministériel est atteint d'aliénation mentale, le procureur de la République doit, dans l'intérêt de l'ordre public, veiller à ce qu'il soit mis dans l'impossibilité de rien détruire dans son étude. S'il s'agit d'un notaire, une requête est adressée soit par la famille, soit d'office par le procureur de la République au président du tribunal, à l'effet de faire désigner provisoirement un notaire dont la mission sera de signer les actes et de garder les minutes en conformité de l'art. 6 de la loi du 25 ventôse an XI. Dans le cas où le notaire ne réside pas au chef-lieu d'arrondissement, le juge de paix doit apposer les scellés sur les minutes et les répertoires, si la mesure lui paraît nécessaire. Lettre proc. gén. Paris, 9 et 13 juin 1855.

C'est l'arrêté du 22 prairial an V qui impose aux maires de donner avis aux juges de paix du décès de toute personne qui laisse pour héritiers des mineurs et des absents.

§ XV. — *Successions vacantes.*

1. Les juges de paix sont tenus de donner avis aux agents de l'enregistrement des scellés apposés par eux chez des personnes décédées sans héritiers connus, et dont la succession peut être déclarée en déshérence. Circ. min., 23 fructidor an VII.

2. D'une circulaire du parquet de la Seine, en date du 6 novembre 1871, nous extrayons les recommandations suivantes : « L'administration du domaine est informée tardivement de l'ouverture des successions des personnes qui décèdent sans laisser d'héritiers connus et au domicile desquelles les scellés ont été apposés. L'administration est donc dans l'impossibilité de faire nommer dans le délai de trois mois et

quarante jours accordé aux héritiers pour faire inventaire et délibérer, un administrateur provisoire à ces successions susceptibles d'être ultérieurement déclarées vacantes. Il en résulte que les scellés restent apposés longtemps, et que les frais de garde absorbent souvent la plus grande partie de l'actif au détriment des héritiers s'il s'en présente et surtout des créanciers de la succession. Pour prévenir cet abus dont je n'ai pas besoin de vous signaler la gravité et qu'il importe de faire cesser, je vous prie de veiller à ce que l'administration des domaines soit toujours avertie dans un très court délai de l'ouverture des successions de la catégorie de celles sur lesquelles je viens d'appeler votre attention ».

Art. 912. — Le scellé ne pourra être apposé que par le juge de paix des lieux ou par ses suppléants.

Si le juge de paix et ses suppléants sont empêchés sérieusement ou absents, nous avons dit plus haut sous art. 907 que le tribunal de première instance et non le président, peut commettre le juge de paix le plus voisin art. 1 l. 16. 26 ventôse an XII.

Le juge de paix n'a qualité pour apposer les scellés que dans son canton à moins d'un jugement du tribunal de première instance comme il est dit *suprà.*

C'est le lieu des effets de la succession et non celui de l'ouverture de la succession où le magistrat cantonal doit procéder.

Lorsqu'une propriété se trouve située sur deux cantons différents, et que les objets mobiliers dépendent de cette propriété, les scellés doivent être apposés par le juge de paix de chacun des cantons respectifs.

L'opération commencée par le juge de paix peut être continuée par ses suppléants.

Art. 913. — Si le scellé n'a pas été apposé avant l'inhumation, le juge de paix constatera, par son procès-verbal, le moment où il a été requis de l'apposer, et les causes qui ont retardé soit la réquisition, soit l'apposition.

L'apposition de scellés ayant pour but de mettre obstacle aux détournements, est toujours une mesure urgente.

L'art. 913 a pour effet de faire préciser la cause du retard et déterminer la responsabilité. Le juge de paix étant tenu de constater dans son procès-verbal les causes du retard, il devient impossible de faire rejeter la faute sur les tiers, sans motifs légitimes.

Ou bien, le magistrat cantonal n'a pas été requis aux fins d'apposition de scellés et alors le motif doit être énoncé, ou bien il a été requis, et, l'excuse sur laquelle il s'est basé pour ne pas obtempérer à la requête doit être mentionnée.

Si ce sont les parties intéressées qui n'ont pas réclamé l'apposition des scellés, suivant les circonstances, par la constatation exigée par l'article 913, le ministère public sera mis à même d'apprécier si l'inaction des personnes présentes au moment du décès ne cache pas une fraude au regard des droits des héritiers non présents ou mineur.

L'apposition de scellés ne peut avoir lieu avant le décès du malade, à moins que ce soit sur sa demande.

Combien de temps après le décès le scellé peut-il encore être apposé ?

En principe, tant que dure le droit de l'héritier, dure aussi la faculté de requérir l'apposition des scellés.

Art. 914. — Le procès-verbal d'apposition contiendra :

1° La date des an, mois, jour et heure ;

2° Les motifs de l'apposition ;

3° Noms, profession, demeure du requérant s'il y en a, et son élection de domicile dans la commune où le scellé est apposé s'il n'y demeure ;

4° S'il n'y a pas de partie requérante, le procès-verbal énoncera que le scellé a été apposé d'office ou sur le réquisitoire ou sur la déclaration de l'un des fonctionnaires dénommés dans l'article 911 ;

5° L'ordonnance qui permet le scellé, s'il en a été rendu ;

6° Les comparutions et dires des parties ;

7° La désignation des lieux, bureaux, coffres, armoires, sur les ouvertures desquelles le scellé a été apposé ;

8° Une description sommaire des effets qui ne sont pas mis sous le scellé ;

9° Le serment, lors de la clôture de l'apposition, par ceux qui demeurent dans le lieu, qu'ils n'ont rien détourné, vu ni su qu'il ait été rien détourné directement ni indirectement ;

10° L'établissement du gardien présenté, s'il en a les qualités requises ; s'il ne les a pas, ou s'il n'en est pas présenté, à en établir un d'office par le juge de paix.

La date des an, mois, jour et heure. — Cette prescription est faite en exécution de l'art. 913 qu'elle complète.

Ces indications permettent de se rendre compte si le magistrat ou la partie requérante ont apporté toutes les diligences que comporte cette mesure de sauvegarde des droits intéressés.

L'heure et le jour ont aussi leur importance au regard des droits d'enregistrement quant aux vacations. Nous verrons plus loin, au mot enregistrement, que les droits à percevoir, sont mesurés sur les vacations. De même aussi les honoraires du greffier.

Le procès-verbal d'apposition de scellés doit constater à chaque séance, l'heure du commencement et celle de la fin, décret, 1er novembre 1805, art. 1.

Lorsqu'il y a interruption et renvoi à un autre jour ou à une autre heure de la même journée, il doit en être fait mention, même décret, et les parties et les officiers le signeront sur-le-champ. Cela résulte du décret 10 brumaire, an XIV, art. *1 et 2*.

10 brumaire an XIV. — *DÉCRET qui prescrit des formalités pour les procès-verbaux de scellés d'inventaires, etc.*

Article 1er. — *Tous officiers* ayant droit d'apposer des scellés, de les faire reconnaître et de les lever, de rédiger des inventaires, de faire des ventes ou autres actes dont la confection peut exiger plusieurs séances, sont tenus d'indiquer, à chaque séance, l'heure du commencement et celle de la fin.

Art. 2. — Toutes les fois qu'il y a interruption dans l'opération, avec renvoi à un autre jour ou à une autre heure de la même journée, il en sera fait mention dans l'acte, que les parties et les officiers signeront sur-le-champ, pour constater cette interruption.

Art. 3. — Le procès-verbal est sujet à l'enregistrement dans le délai fixé par la loi.

Art. 4. — Le droit d'enregistrement, fixé à 2 francs par vacation, est exigible par vacation, dont aucune ne peut excéder quatre heures.

Les juges de paix et leurs suppléants ont seuls le droit d'apposer les scellés, sauf quelques exceptions indiquées *suprà*.

Aujourd'hui le droit d'enregistrement est fixé à 3,75 avec les décimes, l. 22 frimaire an VII, art. 68 ; 19 juillet 1845, art. 5 ; 28 fév. 1872, art. 4 ; 28 avril 1893, art. 24.

En matière de faillite le droit fixe est de 3,75 décimes compris, quel que soit le nombre des vacations, l. 22 frim. an VII, art. 68, §§ 2 ; 19 fév. 1872, art. 12.

L'enregistrement prescrit par le décret précité du procès-verbal de chaque vacation, ne doit pas nécessairement précéder la vacation suivante ; il suffit que tous les procès-verbaux soient enregistrés dans le délai de la loi.

Les motifs de l'apposition. — Ces motifs exercent une sérieuse importance sur le point de savoir, si les scellés ont été apposés avec raison et conformément à l'article 903, P. R. civ.

S'il y avait opposition à l'apposition, il faut que le président en référé puisse se rendre compte que la personne requérante avait qualité pour faire apposer les scellés, ou bien si le juge de paix, agissant d'office, s'est bien conformé à la loi, et que son acte avait sa raison d'être.

Election de domicile du requérant. — Celui-ci doit faire élection de domicile dans le lieu où le scellé est apposé afin de rendre compétent le président du tribunal du dit lieu, s'il est fait une demande en mainlevée.

Les dires des parties. — On entend par ces mots : toute opposition aux scellés avec les motifs à l'appui, toute protestation, toute demande de référé, toute réquisition aux fins de perquisition de testament, papiers, etc., et enfin toutes réserves et revendications.

Désignation des lieux, bureaux, coffres, etc. — Le juge de paix peut apposer le scellé sur les portes extérieures en prenant les mesures nécessaires pour empêcher que le scellé ne soit détérioré ou brisé, en faisant par exemple couvrir la cire d'une planchette clouée par dessus. Il le peut aussi sur les fenêtres.

Il est d'habitude de ne pas gêner les membres de la famille habitant sous le même toit que la personne décédée et de ne pas mettre le scellé sur les objets d'un usage journalier, par exemple : linge, vaisselle, argenterie courante. L'argent nécessaire aux besoins du ménage peut également être laissé entre les mains des personnes de la maison. Le magistrat se contentera de mentionner la chose dans son procès-verbal.

Chez le commerçant, si le scellé est apposé pour d'autres causes que la faillite, le juge de paix s'efforcera de ne pas le gêner dans ses affaires. Les livres seront laissés à la disposition du négociant, ils seront parafés, feuille par feuille.

Serment. — Quoique le juge de paix ait déféré le serment d'office, lors de l'apposition des scellés, les parties intéressées peuvent en déférer un autre et n'en conservent pas moins le droit de prouver que les effets de la succession ont été détournés.

Le serment est prêté lors de la clôture par tous ceux qui demeurent dans les lieux. S'ils savent que quelque détournement a eu lieu, ils fournissent au juge de paix tous les renseignements que celui-ci insère dans son procès-verbal.

Selon le droit commun, les mineurs de 15 ans ne peuvent prêter serment. Ils peuvent être néanmoins entendus s'ils savent quelque chose au sujet de détournements commis, et le juge de paix fait figurer les dires au procès-verbal.

Description sommaire. — Comme l'expression l'indique, il n'est pas nécessaire que le juge de paix fasse un inventaire des objets laissés en évidence, il fait une description *sommaire*, c'est-à-dire qu'il relève dans son procès-verbal tous objets qui ont une certaine valeur dont le détournement pourrait occasionner un préjudice réel. Mais il n'a pas à décrire les mille riens qui figurent dans une maison et dont la minime valeur ne peut tenter la convoitise et qui en tous cas ne chiffreraient pas au point de léser sérieusement les droits.

Gardien de scellés. — Le plus grand nombre de juristes prétendent que rien ne s'oppose dans la loi à ce qu'une femme soit gardienne de scellés. Elle est toujours responsable personnellement de ses délits et quasi-délits. Avant la loi de 1872 qui a aboli la contrainte par corps, certains pour soutenir que la femme n'avait pas qualité pour assumer les fonctions, se réclamaient de cette loi et disaient que puisque la femme n'était pas contraignable par corps, les héritiers perdaient contre elle cette garantie.

Aujourd'hui qu'en matière civile la contrainte par corps n'existe plus, les raisons pour ne pas autoriser la femme d'être gardienne des scellés n'existent plus.

Quand il s'agit d'effets et meubles appartenant à l'Etat, l. 6 ventôse, an III, de même qu'en matière criminelle et correctionnelle, d'après l'art. 38, décr. 18 juin 1811, les femmes ne peuvent pas être gardiennes de scellés.

Il doit y avoir autant de gardiens de scellés qu'il a été fait d'appositions en divers lieux.

Faut-il s'en référer aux art. 596 et suiv. P. R. civ. pour rencontrer les qualités requises dont parle l'article 914?

Il n'y a aucun motif pour le croire. La loi n'a pas dit, en l'espèce, quelles sont les qualités requises pour permettre de choisir tel ou tel gardien. C'est dans l'art. 1963 C. c. et suivants qu'il convient de puiser les règles.

Selon nous, dans le silence de la loi, le juge de paix est souverain appréciateur pour savoir si le gardien possède les garanties de moralité et de probité suffisantes.

Le gardien doit réunir les qualités exigées par tout dépositaire judiciaire. En effet son caractère tire son essence de l'article 1963 C. c.

1963. Le séquestre judiciaire est donné, soit à une personne dont les parties intéressées sont convenues entre elles, soit à une personne nommée d'office par le juge.

Dans l'un et l'autre cas, celui auquel la chose a été confiée, est soumis à toutes les obligations qu'emporte le séquestre conventionnel.

Les devoirs du gardien sont résumés dans l'article 1962, C. c. par analogie en ce qui est compatible.

1962. L'établissement d'un gardien judiciaire produit, entre le saisissant et le gardien, des obligations réciproques. Le gardien doit apporter pour la conservation des effets saisis les soins d'un bon père de famille.

Il doit les représenter, soit à la décharge du saisissant pour la vente, soit à la partie contre laquelle les exécutions ont été faites, en cas de main-levée de la saisie.

L'obligation du saisissant consiste à payer au gardien le salaire fixé par la loi.

Le gardien de scellés est responsable de ses fautes personnelles.

Le gardien de scellés n'est tenu en aucun cas des accidents de force majeure, arg. de l'art. 1929, C. c.

Il ne peut se servir de la chose dont il a la garde, argument tiré de l'art. 1930 C. c.

Il n'est tenu que de rendre les choses dans l'état où elles se trouvent au moment de la restitution ; il n'est pas responsable des détériorations qui ne sont pas son fait personnel 1933, C. c.

Conditions requises du gardien de scellé. — Les seules conditions requises, sont la probité, la solvabilité, et avant la loi de 1872 qui a abrogé la contrainte par corps... « le gardien de scellés devait être contraignable par corps. »

La probité et la solvabilité du gardien sont laissées à l'appréciation du juge de paix.

Le juge de paix ne peut être gardien de scellés pas plus que son greffier, puisque l'art. 915, P. R. civ. leur défend d'entrer dans la maison jusqu'à la levée.

C'est pour le motif qui se déduit des conséquences, que ce magistrat ne doit choisir comme gardien aucun parent ou allié ou le commis greffier. Ordonnance de 1667, titre 19, art. 5.

Il ne faut qu'un seul gardien pour le même scellé.

Aucun texte n'autorise le juge de paix à contraindre celui qui refuse à accepter les fonctions de gardien de scellés. Nous croyons même que chacun a le droit de refuser cette mission.

Le gardien nommé peut être remplacé si le juge de paix a des motifs suffisants pour le faire.

La présence à l'apposition des scellés de la partie requérante n'est pas nécessaire, il suffit qu'elle ait signé la réquisition par elle-même ou un fondé de pouvoir.

Au cours de l'apposition des scellés il ne doit pas être fait droit aux revendications formulées. Cela regarde les héritiers au moment de la levée.

Une circulaire du garde des sceaux du 13 juillet 1824 invite le juge de paix à informer le parquet s'il découvre des presses, caractères ou ustensiles d'imprimerie.

1° Depuis le décret du 10 septembre 1870 qui déclare libre la profession d'imprimeur, le juge de paix n'a plus à prévenir le parquet, et les commissaires-priseurs ne sont plus tenus d'avertir l'autorité avant de mettre en vente les presses, caractères et ustensiles d'imprimerie

Comment faut-il agir si le *de cujus* laisse des titres et objets de valeurs et que sa maison n'offre pas assez de sécurité pour n'avoir pas à craindre les soustractions ? il faudrait agir conformément à la loi que voici :

28 juillet 1875. — *LOI relative aux consignations judiciaires.*

Art. 1er. — Les titres ou valeurs mobilières, sous forme nominative ou au porteur, dont la consignation serait prescrite soit par une disposition de loi ou un règlement, soit par une décision judiciaire ou administrative, devront être déposés à la caisse des dépôts et consignations. — Il en sera de même des titres et valeurs trouvés dans les successions, lorsque les parties intéressées ou l'une d'elles en feront la demande. — Ces dépôts auront lieu dans les conditions fixées par les lois du 28 nivôse an XIII et du 28 avril 1816 pour les dépôts d'espèces.

Art. 2. — Un règlement d'administration publique déterminera les mesures à prendre pour le dépôt, la conservation et le retrait des valeurs dont il s'agit, ainsi que le mode de rémunération de la caisse.

Une autre question se présente parfois : quand une personne vient à décéder, les parents qui demeuraient dans la même maison, avant d'avertir le juge de paix, retirent du coffre-fort les valeurs ayant appartenu au mort et les portent chez le notaire de la famille. Ce dernier alors demande au juge de paix d'apposer le scellé sur le coffre où ces valeurs ont été, chez lui, enfermées.

Nous conseillons à nos collègues de se refuser obstinément à une pareille invitation qui est tout à fait illégale et de laisser au notaire et à ceux qui ont déplacé les titres la responsabilité d'une telle illégalité, le juge de paix n'ayant pas qualité pour poser des scellés chez des tiers. Il devrait également se refuser à ce que ces titres déplacés fussent replacés dans la demeure du décédé ou, en tout cas, il devrait en faire mention dans son procès-verbal.

Art. 915. — Les clefs des serrures sur lesquelles le scellé a été apposé resteront, jusqu'à la levée, entre les mains du greffier de la justice de paix, lequel fera mention sur le procès-verbal de la remise qui lui en aura été faite, et ne pourront ni le juge ni le greffier aller, jusqu'à la levée, dans la maison où est le scellé, à peine d'interdiction, a moins qu'ils n'en soient requis ou que le transport n'ait été précédé d'une ordonnance motivée.

Les clefs doivent se trouver entre les mains du greffier, le sceau entre celles du juge de paix. Il faudrait donc un accord frauduleux entre le magistrat, le greffier et le gardien pour pouvoir entrer dans la maison, violer les scellés sans laisser de traces apparentes de la violation. Une telle collusion n'est pas probable.

A moins qu'ils ne soient requis. — S'il y a réquisition de la part des héritiers, le juge pourrait se transporter dans le lieu des scellés. En effet il peut y avoir lieu de rechercher des actes dont les héritiers ou les tiers ont le plus pressant besoin.

Une traite à payer se trouve sous scellés, un incendie se déclare, on informe le magistrat que les scellés ont été enlevés.

Si le juge répond à la requête qu'il n'y a pas urgence, la partie intéressée peut vouloir aller en référé et alors le président rend une ordonnance en vertu de laquelle le magistrat se transporte. C'est là l'objet de ce membre de phrase ; *ou que le transport n'ait été précédé d'une ordonnance motivée.*

L'autorisation pourrait aussi émaner d'un jugement. Il y a lieu encore de rappeler un décret du 6 pluviôse an XI art. I. « Les citoyens, dont les titres sentences ou procédures confiés aux notaires publics, avoués, défenseurs officieux, huissiers, fondés de pouvoirs, agents d'affaires ou autres détenteurs, se trouvent sous les scellés, pourront requérir le juge de paix de les lever de suite pour leur remettre les pièces qu'ils réclament, en constatant cette remise par le procès-verbal. »

Art. 3. — Les juges de paix qui étant requis ne déféreraient pas promptement à cette réquisition, seront responsables des dommages-intérêts qu'aura occasionnés leur refus ou leur négligence.

Art. 916. — Si lors de l'apposition il est trouvé un testament ou autres papiers cachetés, le juge de paix en constatera la forme extérieure, le sceau et la suscription, s'il y en a, paraphera l'enveloppe avec les parties présentes, si elles le savent ou le peuvent, et indiquera les jour et heure où le paquet sera par lui présenté au président du tribunal de première instance :

Il fera mention du tout sur son procès-verbal, lequel sera signé des parties, sinon mention sera faite de leur refus.

Toute personne intéressée peut demander au juge de paix la perquisition aux fins de recherches du testament.

Le magistrat est tenu d'obtempérer à cette demande. Mais il n'a pas le droit de faire les recherches, d'ouvrir les paquets, etc., sans réquisition.

Le paquet ou testament découvert doit-il être présenté au greffe ou au président lui-même ? Nous n'hésitons pas à répondre que ces objets doivent être remis entre les mains du président lui-même. Un testament est un titre trop sérieux pour que le juge de paix s'en dessaisisse en d'autres mains que celles désignées expressément par l'art. 916.

Et le président chargé de recevoir ce testament est celui du chef-lieu d'arrondissement dont dépend le juge de paix. L'art. 1007 C. c. ne doit pas être considéré comme applicable à l'espèce

Si le juge de paix, au lieu d'un testament olographe ou mystique, trouve une expédition d'un testament authentique, il peut, suivant Dutruc, ordonner que l'expédition sera mise sous scellé (c'est là la façon d'agir que nous préconisons) ou qu'elle restera jusqu'à la levée entre les mains de son greffier pour être communiquée aux intéressés durant l'intervalle, et rapportée, lors de la levée, afin d'être inscrite sur l'inventaire.

Les mesures prescrites par les art. 916 et suivants ne concernent pas les testaments notariés, puisque la minute est entre les mains du notaire.

Carré accorde au greffier une vacation à l'effet d'assister à la présentation du testament au président.

Nous ne sommes pas de son avis. Le tarif de 1807 n'accorde aucun émolument de ce fait au greffier et le tarif doit être interprété dans un sens étroit.

Art. 917. — Sur la réquisition de toute partie intéressée le juge de paix fera, avant l'apposition des scellés, la perquisition du testament dont l'existence sera annoncée ; et s'il le trouve, il procédera ainsi qu'il est dit ci-dessus.

δ. — *Toute partie intéressée.* — Le juge de paix est tenu de répondre au désir même d'un étranger qui ferait valoir apparemment des motifs sérieux pour la recherche du testament. Il est à remarquer que l'article 917 n'est pas limitatif.

Art. 918. — Aux jour et heure indiqués, sans qu'il soit besoin d'aucune assignation, les paquets trouvés cachetés seront présentés par le juge de paix au président du tribunal de première instance, lequel en fera l'ouverture, en constatera l'état et en ordonnera le dépôt si le contenu concerne la succession.

Sans qu'il soit besoin d'aucune assignation. — Le rendez-vous verbal que donne le juge de paix aux parties intéressées vaut assignation.

Si le juge de paix appose les scellés d'office et qu'aucune partie intéressée soit présente, il n'aura aucune perquisition à faire, et, le testament, s'il en existe, restera sous scellés jusqu'à la levée.

Les parties intéressées qui n'étaient point présentes lors de la perquisition demandée par d'autres personnes présentes qui se trouvaient dans la demeure lors de l'apposition, et qui n'auront pas été prévenues par le juge de paix des jour et heure indiqués, ne pourront se plaindre de n'avoir pas été convoqués, la présence du président est une garantie suffisante de la sauvegarde de leurs droits, qui d'ailleurs sont passifs actuellement.

Art. 919. — Si les paquets cachetés paraissent, par leur suscription ou par quelqu'autre preuve écrite, appartenir à des tiers, le président du tribunal ordonnera que ces tiers seront appelés dans un délai qu'il fixera, pour qu'ils puissent assister à l'ouverture :

Il la fera au jour indiqué en leur présence ou à leur défaut ; et si les paquets sont étrangers à la succession, il les leur remettra sans en faire connaître le contenu, ou les cachettera à nouveau pour leur être remis à leur première réquisition.

Ici le juge de paix disparaît pour faire place au président du tribunal.

Art. 920. — Si un testament est trouvé ouvert, le juge de paix en constatera l'état, et observera ce qui est prescrit en l'art. 916, C. c.

Nous avons vu que si le juge de paix, sur réquisition, trouvait des *papiers cachetés,* il devrait les présenter au président du tribunal de 1re instance, 918, C. c.

S'il trouve *un testament ouvert,* il en constate l'état, c'est-à-dire la forme extérieure, il fait dans son procès-verbal un résumé de son contenu, il le paraphe avec les parties présentes, il indique les jour et heure où le testament sera par lui présenté au président du tribunal dont il dépend, et fait signer son procès-verbal par les parties ou fait mention si elles ne veulent ou ne peuvent signer.

Si le testament ouvert n'est pas l'original lui-même, si ce n'est qu'une expédition d'un testament fait par devant notaire, ces formalités n'ont plus leur raison d'être. Cet acte ne peut pas disparaître, puisque la minute se trouve en l'étude de l'officier public.

Dans ce cas, le juge de paix doit se borner à mettre cette expédition sous scellés avec les autres objets mobiliers.

Art. 921. — Si les portes sont fermées, s'il se rencontre des obstacles à l'apposition des scellés, s'il s'élève, pendant le scellé, des difficultés, il y sera statué en référé par le président du tribunal.

A cet effet, il sera sursis, et établi par le juge de paix, garnison extérieure, même intérieure, si le cas y échet ; il en référera sur-le-champ au président du tribunal.

Pourra néanmoins le juge de paix, s'il y a péril dans le retard, statuer par provision, sauf à en référer ensuite au Président du tribunal.

En matière de saisie-exécution, la même procédure s'applique :

C'est l'huissier qui, en présence des mêmes difficultés, établit gardien aux portes, il se retire sans assignation devant le juge de paix ou devant le commissaire de police et à défaut devant le maire ou adjoint, et il fait l'ouverture des portes et des meubles fermant. 587, P. R. civ.

Même genre d'opération pour la saisie revendication aux termes de l'art. 829 P. R. civ.

Une difficulté qui peut se présenter, est la suivante :

Rien ne justifie la qualité du juge de paix et si les héritiers viennent opposer, au moment où ce magistrat se présente pour apposer le scellé, qu'ils ne le connaissent pas, en le priant de prouver sa qualité, que doit-il faire ?

Il conviendrait d'établir garnison extérieure et même intérieure, et de se munir de la ceinture orange à glands verts prescrite par le décr. 18 juin 1852, art. 3.

Pourra statuer par provision. — Le juge de paix ne doit user de ce pouvoir que dans l'extrême nécessité comme par exemple, lorsqu'il lui sera impossible de constituer gardien extérieur ou intérieur. En présence de difficultés de droit ou de fait, il doit toujours se présenter en référé.

Le juge de paix peut à toute heure du jour ou de la nuit s'introduire dans la maison mortuaire pour une apposition de scellés d'office. C'est en vain qu'on invoquerait l'art. 76 de la constitution du 22 frimaire an VII qui est ainsi conçu : « La maison de toute personne habitant le territoire français est un asile inviolable. Pendant la nuit nul n'a le droit d'y entrer qu'en cas d'incendie, d'inondation ou de réclamation faite à l'intérieur de la maison.

Pendant le jour on ne peut y entrer que pour un objet spécial déterminé ou *par une loi* ou par un ordre émané d'une autorité publique. »

Le juge de paix tient de la loi les pouvoirs les plus étendus en pareille matière, pouvoirs dont il peut et doit user, sans que la loi fasse aucune distinction entre le jour et la nuit.

Si malgré l'ordonnance du président du tribunal,

des *obstacles* à l'apposition étaient encore apportés, si les personnes de la maison s'opposaient par la violence à l'exécution du mandat du juge de paix, celui-ci pourrait réquisitionner la force armée et même si les circonstances l'exigeaient, faire mettre les opposants en état d'arrestation.

Dans ce cas, il devrait dresser procès-verbal des faits, le signer avec les témoins et le greffier et adresser au Procureur de la République le dit procès-verbal pour qu'il puisse y donner telle suite que la situation comporte.

Art 922. — Dans tous les cas où il sera référé par le juge de paix au président du tribunal, soit en matière de scellé, soit en autre matière, ce qui sera fait et ordonné sera constaté sur procès-verbal dressé par le juge de paix ; le président signera ses ordonnances sur ledit procès-verbal.

Soit en autre matière. — Cette prescription s'applique non seulement en matière de scellé, mais en autre matière, c'est-à dire toutes les fois que le juge de paix sera obligé d'introduire un référé pour des causes quelconques.

Toute ordonnance qui ne serait rendue sur le procès-verbal, serait considérée comme frustratoire.

C'est dans un but d'économie que le législateur a ordonné cette mesure.

Art. 923. — Lorsque l'inventaire sera parachevé, les scellés ne pourront être apposés, à moins que l'inventaire ne soit attaqué, et qu'il n'en soit ainsi ordonné par le président du tribunal.

Si l'apposition des scellés est requise, pendant le cours de l'inventaire, les scellés ne seront apposés que sur les objets non inventoriés.

Une fois l'inventaire achevé, le juge de paix, pour aucune cause, ne peut réapposer les scellés sans une ordonnance du président du tribunal.

Si l'apposition est requise pendant le cours de l'inventaire, il en est autrement, et le scellé sera apposé sur les objets qui ne sont pas encore relevés dans l'inventaire du notaire.

Ce dernier cas peut se présenter fréquemment ; au cours de l'inventaire une discussion peut surgir entre les héritiers sur une question de droit ou de fait ; alors le juge de paix met fin aux difficultés en reapposant les scellés sur les objets non inventoriés et renvoie les parties se pourvoir en référé pour trancher le différend.

A son tour le président du tribunal ordonne, s'il y a lieu, que les intéressés porteront la cause devant le tribunal, et, le scellé reste apposé jusqu'à ce qu'intervienne la solution et une nouvelle réquisition aux fins de levée des scellés.

Art. 924. — S'il n'y a aucun effet mobilier, le juge de paix dressera un procès-verbal de carence.

S'il y a des effets mobiliers qui soient nécessaires à l'usage des personnes qui restent dans la maison ou sur lesquels le scellé ne puisse être apposé, le juge de paix fera un procès-verbal contenant description sommaire *desdits effets.*

Quand il s'agit même d'un procès-verbal de carence, le juge de paix doit néanmoins, par les personnes qui se trouvaient dans la maison au moment du décès, faire prêter le serment prescrit par l'art. 914, C. c.

Il y a lieu à dresser un procès-verbal de carence, non seulement quand il n'existe dans la maison aucun objet mobilier, mais encore, si, du mobilier existant, la veuve déclare vouloir renoncer à la communauté, ou bien encore quand les héritiers désirent renoncer à la succession.

Dans ce cas, le procès-verbal de carence remplace l'inventaire.

Cette procédure a été voulue par l'art. 924 C. c., afin d'éviter les frais que nécessite toujours en pareil cas la présence du notaire.

L'article 924 a abrogé l'article 10, l. 27 mars 1791 qui attribuait aux notaires la confection des inventaires, procès-verbaux de descriptions et *de carence* à l'ouverture des successions.

Il est dans les habitudes que les greffiers ajoutent à

la description du mobilier, l'estimation des objets. C'est leur droit dans les cantons où il n'y a pas de commissaire-priseur, et dans ce cas, ils ont droit à des vacations tant comme greffiers que comme priseurs.

Mais ce droit leur est refusé dans les lieux où les commissaires-priseurs exercent leur privilège.

Art. 925. — Dans les communes où la population est de 20.000 âmes et au-dessus, il sera tenu, au greffe du tribunal de première instance, un registre d'ordre pour les scellés, sur lequel seront inscrits, d'après la déclaration que les juges de paix seront tenus d'y faire parvenir dans les 24 heures de l'apposition :

1° *Les noms et demeures des personnes sur les effets desquelles le scellé aura été apposé ;*

2° *Le nom et la demeure du juge qui a fait l'apposition ;*

3° *Le jour où elle a été faite.*

Cette formalité a pour but de donner de la publicité à l'apposition des scellés, afin que les intéressés puissent former opposition à ce que le scellé soit levé hors leur présence.

Ce n'est pas le juge de paix qui doit faire cette déclaration comme le prétendent certains auteurs.

C'est au greffier qu'incombe ce devoir et ce qui le prouve c'est que le tarif de 1807 lui accorde un émolument de 2 fr. 50 pour cette démarche.

Le délai de 24 heures n'est pas de rigueur, d'autant moins que c'est là une mesure qui nous paraît en pratique sans effet. Généralement les héritiers ignorent les dispositions de l'art. 925, et je crois que nous pouvons avancer sans crainte d'être démenti que jamais le registre dont il est question en cet article n'a été consulté dans aucune ville.

Aucune formule n'est imposée. La déclaration se fait

ou verbalement ou par une note que le greffier de paix communique au greffier du tribunal de première instance.

La déclaration de l'art. 925 n'est prescrite qu'en cas de décès, elle n'est obligatoire ni après faillite, ni après séparation de corps, ni après séparation de biens, ni après divorce, ni après saisie-exécution.

Mais le greffier peut la faire après ces diverses circonstances, et il le fera, puisqu'il lui est dû une facile vacation.

Des oppositions aux scellés

Art. 926. — Les oppositions aux scellés pourront être faites, soit par une déclaration sur le procès-verbal des scellés, soit par exploit signifié au greffier du juge de paix.

Deux formes sont prescrites au choix des intéressés. La première est sans contredit la plus simple, la plus rapide et la moins coûteuse.

Si la partie intéressée désire faire la déclaration sur le procès-verbal des scellés, il suffit qu'elle se présente au greffe, qu'elle déclare vouloir s'opposer *à la levée des scellés* hors sa présence (car il s'agit d'opposition à la levée), il est indispensable que l'opposant décline ses nom, profession, domicile, et s'il n'est pas domicilié dans l'arrondissement où les scellés ont été apposés, qu'il y fasse élection de domicile. Ses qualités et les motifs sont aussi nécessaires sous peine de nullité. Puis il signe se déclaration. Il faut considérer que, si la partie fait son opposition par exploit d'huissier, copie est laissée au greffier qui vise l'original.

Quelles sont les personnes qui peuvent faire opposition à la levée des scellés ? — Ce sont celles désignées en l'art 909 P.R. civ., c'est-à-dire toutes celles qui prétendent droit à la succession ou à la communauté, et les créanciers.

Mais ici les créanciers n'ont pas besoin d'être fondés

en titre exécutoire ou autorisés par une permission du président du tribunal ni du juge de paix. C'est ainsi que s'exprime l'art. 821 C. c. :

821. Lorsque le scellé a été apposé, tous créanciers peuvent y former opposition, encore qu'ils n'aient ni titre exécutoire ni permission du juge.

Même l'opposition qui ne repose sur aucun fondement, comme par exemple ; la créance douteuse n'entraîne aucun préjudice ni inconvénients. La solution sera ultérieurement donnée à la prétention.

Si néanmoins, les héritiers voulaient exclure les créanciers non fondés dans leurs prétentions, ils pourraient s'adresser en référé au président du tribunal qui répondrait par une ordonnance, et les frais seraient à la charge de ces opposants mal fondés.

Les créanciers des héritiers ont également le droit de former opposition à la levée des scellés.

En effet, l'art. 934 P. R. civ. parle des créanciers qui ont fait opposition « *pour la conservation des droits de leur débiteur* », ce qui ne peut s'appliquer qu'aux créanciers personnels des héritiers agissant au nom et du chef de ces derniers.

L'opposition de scellés, faite par déclaration sur le procès-verbal, n'a pas besoin d'être notifiée à tous les héritiers, son insertion sur le procès-verbal les avertissant suffisamment de son existence. Req. 2 juillet 1838.

Le juge de paix ne peut statuer sur le mérite des oppositions et partant, ne peut refuser de les recevoir, même si elles ne lui paraissent pas fondées.

Art. 927. — Toutes oppositions à scellés contiendront à peine de nullité, outre les formalités communes à tout exploit :

1° Election de domicile dans la commune ou l'arrondissement de la justice de paix où le scellé est apposé, si l'opposant n'y demeure pas.

2° L'énonciation précise de la cause de l'opposition.

Les conditions exigées par l'article 927 ont pour but de faire connaître aux héritiers le motif de l'opposition afin qu'ils puissent se rendre compte s'il y a lieu de la contester et d'en demander la main-levée au tribunal du domicile élu par l'opposant.

Les formalités communes à tout exploit. — Ces formalités sont : 1° la date des jour, mois et an, les noms, profession et domicile de l'opposant l'élection de domicile ;

2° Les noms, demeure et immatricule de l'huissier. les noms et demeure de la personne décédée, et mention du greffier à qui la copie de l'exploit sera laissée ;

3° L'objet de l'opposition, l'exposé sommaire des moyens ;

4° L'indication du tribunal qui doit en connaître, c'est-à-dire le tribunal du lieu où les scellés ont été apposés. Le tout à peine de nullité.

Election de domicile. — Cela, afin que la levée de scellés ne puisse être retardée par la nécessité de sommer l'opposant à une grande distance du lieu de l'apposition.

Enonciation précise de la cause. — Parce que, dit à tort Pigeau : « Elle est une espèce de saisie-arrêt que l'on ne peut plus faire comme autrefois pour causes et moyens à déduire en temps et lieu. »

Ce n'est pas là qu'il faut chercher la cause. La saisie-arrêt n'a qu'un rapport très lointain avec la question qui nous occupe. En effet la saisie-arrêt est le 1er acte d'une instance. Elle doit être formée en vertu d'un titre ou d'une permission de juge, 557 P. R. civ. et l'opposition aux scellés ne présente pas ces caractères principaux.

Le but de notre article est de prévenir autant que possible les actes qui n'auraient d'autre tendance que d'entraver les opérations relatives à la liquidation de la succession.

De la levée du scellé

Art. 928. — Le scellé ne pourra être levé et l'inventaire fait que 3 jours après l'inhumation s'il a été apposé avant, et 3 jours après l'apposition, si elle a été faite depuis l'inhumation, à peine de nullité des procès-verbaux de levée des scellés et inventaire et des dommages-intérêts contre ceux qui les auraient faits et requis; le tout, à moins que, pour des causes urgentes, et dont il sera fait mention dans son ordonnance, il n'en soit autrement ordonné par le président du tribunal de 1re instance.

Dans ce cas, si les parties qui ont droit d'assister à la levée ne sont pas présentes, il sera appelé pour elles, tant à la levée qu'à l'inventaire, un notaire nommé d'office par le président.

Le motif de la défense de lever les scellés avant 3 jours repose sur ce qu'il faut laisser aux créanciers le temps de s'opposer à ce qu'ils soient levés hors leur présence.

Il n'est pas à craindre, comme le dit Carré : « que le juge de paix qui aurait procédé à une levée sans observer ce délai pourrait être pris à partie par les intéressés », car jamais le magistrat ne lèvera les scellés d'office ; il attendra toujours une réquisition, et s'il a le tort d'obéir à cette requête avant les 3 jours fixés par l'article 928, il encourra une réprimande de la part de ses supérieurs, mais il ne sera jamais poursuivi en dommages-intérêts.

En effet, les juges ne peuvent être pris à partie que dans les cas suivants : 1° S'il y a vol, fraude et concussion ;

2° Si elle a été expressément prononcée par la loi ;

3° Si la loi déclare les juges responsables à peine de dommages-intérêts ;

4° S'il y a déni de justice.

Le vol, la fraude, la concussion doivent être écartés, car cela est peu probable.

De déni de justice, il ne peut y en avoir en l'espèce ; restent les deux conditions :

Si la prise à partie a été expressément prononcée par la loi, ou si elle déclare les juges responsables de dommages-intérêts.

Examinons les deux cas :

L'article 928 en disant : « *contre ceux qui les auraient faits et requis* » n'a pas voulu entendre par là ceux qui auraient fait *la levée* et... requis c'est-à-dire contre le juge de paix qui aurait fait la levée et contre ceux qui l'auraient requise.

Cette menace s'adresse à *ceux qui auraient fait l'inventaire, et à ceux qui auraient requis et l'inventaire et la levée.*

Selon nous, le pluriel employé par l'art. 928 : « ceux qui *les* auraient » s'applique au notaire et aux héritiers qui les (scellés et inventaires) auraient requis.

En effet, le juge de paix n'a aucun intérêt en jeu, il ne pourrait avoir obéi à la requête que par ignorance ou inadvertance, et nulle part la loi ne punit le magistrat de dommages-intérêts pour ces motifs.

Tandis que le notaire et les héritiers peuvent avoir un intérêt à précipiter la levée de scellés et faire l'inventaire, de là, les conséquences prescrites par la loi.

Ce n'est pas seulement après décès que le délai de 3 jours est de rigueur, il s'applique également aux autres levées de scellés et notamment après faillite. L'article 479, C. c. le dit d'ailleurs :

479. Dans les trois jours, les syndics requerront la levée des scellés, et procéderont à l'inventaire des biens du failli, lequel sera présent ou dûment appelé.

Le tribunal de la Seine, le 3 septembre 1836, a décidé que si les dépouilles mortelles, après une première sépulture, ont été exhumées pour être transportées dans un autre pays et se trouvent encore dans la maison mortuaire, la levée de scellés ne peut avoir lieu avant la deuxième inhumation.

Le délai de trois jours prescrit pour la levée des scellés est franc.

A moins qu'il ne soit autrement ordonné par le président. — C'est par voie de référé devant le président que la demande de levée pour cause d'urgence doit être faite après avoir fait insérer l'incident par un dire dans le procès-verbal d'apposition de scellés, et non par simple requête.

Nous préconisons ce moyen qui nous paraît le plus équitable. Par voie de référé la demande se trouve être contradictoire et le juge de paix donne son avis, de cette façon le président du tribunal se trouve dûment informé du bien ou mal fondé de la demande, ce qui n'existera pas si l'on présente une simple requête.

En cas de minorité ou d'interdiction, le tuteur doit requérir la levée des scellés dans les dix jours de sa nomination, dûment connue de lui, et faire procéder immédiatement à l'inventaire en présence du subrogé-tuteur à peine de dommages-intérêts. 451-509. P.R. civ.

En cas de tutelle légale du survivant des père et mère ou du mari d'une femme interdite, l'inventaire et la levée des scellés doivent avoir lieu dans les dix jours de la nomination du subrogé-tuteur, nomination que le tuteur doit provoquer dans le mois de l'ouverture de la tutelle, sous peine de destitution pour s'être immiscé dans la tutelle sans avoir fait nommer de subrogé-tuteur, combinaison des art. 420-421-451 et 1442, C. c.

Quant à l'héritier majeur, à la veuve commune en biens, à l'époux survivant, aux successeurs irréguliers et au grevé de restitution, ils doivent, au plus tard, faire procéder à la levée des scellés et à l'inventaire dans les trois mois du jour de l'ouverture de la succession.

Art. 929. — Si les héritiers ou quelques-uns sont mineurs non émancipés, il ne sera pas procédé à la levée des scellés qu'ils n'aient été, ou préalablement pourvus de tuteurs, ou émancipés.

Le mineur est émancipé par le mariage.

Les mineurs émancipés peuvent faire, sans leur curateur, tous les actes de pure administration.

Or, une levée de scellés et un inventaire sont des actes de pure administration.

Les émancipés pourraient-ils requérir et la levée et l'inventaire ?

L'art. 929 semblerait le faire croire, car il dispose en ces termes : « Les mineurs doivent être pourvus d'un tuteur ou.... émancipés.

L'un ou l'autre, déclare-t-il. S'ils ne sont pas pourvus de tuteur, ils doivent être émancipés.

A première lecture on serait tenté de croire que le mineur émancipé peut requérir la levée de scellés et l'inventaire ; mais l'art. 840 C. c. enlève tout doute à ce sujet:

840. Les partages faits conformément aux règles ci-dessus prescrites, soit par les tuteurs, avec l'autorisation d'un conseil de famille, soit par les *mineurs émancipés*, *assistés de leurs curateurs*, soit au nom des absents ou non présents, sont définitifs ; ils ne sont que provisionnels, si les règles prescrites n'ont pas été observées.

L'inventaire conduit au partage et le partage étant compris dans les actes d'aliénation, le mineur émancipé ne peut y concourir sans l'assistance de son curateur.

Quant au mineur, il doit être représenté par son tuteur dans tous les actes civils.

Art. 930. — Tous ceux qui ont droit de faire apposer les scellés pourront en requérir la levée, excepté ceux qui ne les ont fait apposer qu'en exécution de l'art. 909, n° 3.

Les serviteurs et domestiques qui habitaient la maison du défunt n'ont plus leur responsabilité à dégager comme pour l'apposition des scellés, art. 909 n° 3, et ne peuvent, partant, demander la levée.

Quelles personnes peuvent requérir la levée ? — Ce sont toutes celles que nous avons énumérées sous l'art. 909 P. R. civ. (voir *suprà*).

Nous avons vu que les parents du mineur, à défaut du tuteur, peuvent requérir l'apposition des scellés, 910 P. R. civ , mais ils n'ont pas qualité pour demander la levée. Il faut que les mineurs soient pourvus de tuteur.

Le ministère public, le maire, et le juge de paix agissant d'office peuvent, aux termes de l'art. 911 les uns requérir, les autres apposer le scellé, mais leur droit cède devant la levée.

Le magistrat cantonal ne doit et ne peut procéder à cette opération que sur requête et trois jours après l'apposition.

Voici quelques arrêts relevés par Sirey et que nous reproduisons : la jurisprudence ne s'est pas modifiée.

1. Le mari peut, comme chef de la communauté, faire lever les scellés apposés sur une succession échue

à l'épouse demanderesse en séparation, s'il prétend que sous les scellés sont des titres nécessaires à l'administration de la succession. Peu importerait de dire que l'événement du procès peut le rendre sans intérêt. — 16 juill. 1817, Angers.

2. Celui qui a *titre apparent*, peut aussi requérir la levée des scellés et la confection de l'inventaire, encore que ce titre soit attaqué de nullité. 7 déc. 1829, Paris.

3. Et un testament olographe, quoique sa signature soit contestée, donne au légataire un *droit apparent*, et le constitue *prétendant droit* dans le sens des articles 909 et 930 ; tellement que l'héritier institué dans ce testament a droit de requérir la levée des scellés. — 30 juin 1824, Caen.

4. La veuve donataire et légataire universelle doit, s'il n'y a que des héritiers collatéraux, être admise, par préférence à ces héritiers, à faire procéder à la levée des scellés et à l'inventaire, et cela encore qu'il ait été formé par les hérititiers une demande en nullité de la donation du testament. — 7 déc. 1829, Paris.

5. Les héritiers non réservataires sont sans qualité, au cas où il existe un légataire universel (saisi de plein droit de la succession) pour s'opposer à la levée des scellés hors de leur présence, et la confection d'un inventaire.... alors même qu'ils allègueraient un dépôt de titres de famille ou de créance parmi les papiers du défunt, et qu'ils menaceraient d'attaquer le testament. — 31 déc. 1827, Riom.

6. On décide cependant généralement, au contraire,

que, malgré l'existence d'une institution universelle, les héritiers du sang, même non réservataires, ont le droit de requérir l'apposition des scellés à leurs frais, surtout quand ils attaquent le testament.

7. Le légataire universel, saisi de plein droit, n'est pas obligé d'appeler les collatéraux à la levée des scellés. — 30 frim. an XII, Dijon.

8. Il ne peut être procédé à la levée des scellés apposés sur les effets mobiliers d'une succession à laquelle a droit un militaire absent, qu'après l'accomplissement des formalités prescrites par la loi du 11 vent. an II. — 5 juillet 1826, Poitiers

9. L'enfant naturel, quoique non héritier, peut assister aux scellés, à l'inventaire et aux actes conservatoires de la succession. — 14 fruct. an II, Paris.

10. Lorsque les héritiers légitimes offrent une somme suffisante pour l'acquittement des legs, l'exécuteur testamentaire n'a point à s'immiscer dans la succession, encore qu'il ait été chargé par le testament de vendre les biens, et par suite ne peut demander la levée des scellés, ni y assister. — 16 mars 1811, Bruxelles.

11. L'allégation de la possibilité d'un testament olographe ne suffit pas pour intervenir à la levée des scellés ; il faut, pour intervenir à la levée comme pour requérir l'apposition, avoir des prétentions apparentes. — 18 mai 1807, Bruxelles.

12. Les juges peuvent refuser à un prétendant droit à une succession l'autorisation d'assister à la levée

des scellés, lorsqu'il ne justifie par aucune présomption ni par aucune apparence de droit, sa qualité d'héritier. — 25 nov. 1818.

13. La nomination d'un notaire, hors des cas prévus par la loi, pour représenter une ou plusieurs des parties intéressées aux opérations relatives à la levée des scellés, n'est pas une cause de nullité de ces opérations : elle ne pourrait être considérée que comme frustratoire et, par suite, donnant lieu de mettre les frais qu'elle aurait occasionnés à la charge de celui qui l'aurait provoquée — 17 avril 1828, rej.

14. L'avoué représentant les créanciers opposants à la levée des scellés a le droit, lors de cette opération, de prendre connaissance des titres et papiers constatant ou pouvant constater un actif au profit de la succession. — 11 oct. 1843. Ord. du prés. du trib. de la Seine.

15. Les citoyens dont les titres, sentences ou procédures confiés aux notaires publics, avoués, défenseurs officieux, huissiers, agents d'affaires et autres défenseurs, se trouvent sous les scellés, pourront requérir le juge de paix, ou tel autre officier qui les aura apposés, de les lever de suite, pour leur remettre les pièces qu'ils réclament, en constatant cette remise par le procès-verbal. — (L. 6 pluv. an II.)

16. La demande en mainlevée de scellés, dirigée contre ceux qui ont fait apposer les scellés, doit être portée devant le juge du lieu où les scellés ont été apposés plutôt que devant le juge du domicile des

assignés. – 8 mai 1811, Paris.

17. Les tribunaux de commerce ne peuvent statuer sur une demande en mainlevée de scellés, encore bien que cette demande soit connexe à la dissolution et au partage d'une société commerciale. — 21 juill. 1812.

En présence de qui les scellés doivent-ils être levés?

1° Le conjoint survivant;

2° Les héritiers présomptifs, c'est-à-dire ceux ayant un titre apparent ou une possession d'état;

L'enfant naturel;

Les héritiers collatéraux ne doivent pas être appelés s'il y a un légataire universel, à moins qu'ils ne justifient qu'ils ont introduit l'instance en vue de faire annuler le testament. Ou bien encore si le légataire universel est un établissement public dont les droits éventuels sont soumis à l'autorisation du gouvernement.

3° L'exécuteur testamentaire;

4° Les donataires ou légataires universels ou à titre universel, soit en propriété, soit en usufruit;

5° Les créanciers qui ont fait opposition à la levée des scellés;

6° Les présumés absents et les non présents doivent être représentés par un notaire commis par le président du tribunal.

Si plusieurs parties requièrent l'inventaire, il doit être fait au nom de celle qui se trouve la première indiquée dans l'article 909, P. R. civ., article auquel se réfère l'article 941, P. R. civ.

Le propriétaire de l'appartement du défunt à l'expiration du congé ou bail, après les 3 jours de l'inhumation ou de l'apposition, ou à défaut de garantie suffisante pour le paiement des loyers, mais seulement en vertu d'une ordonnance du président du tribunal de 1re instance, laquelle doit demeurer annexée à la réquisition, peut également requérir la levée des scellés.

Art. 931. — Les formalités pour parvenir à la levée des scellés seront :

1° Une réquisition à cet effet, consignée sur le procès-verbal du juge de paix ;

2° Une ordonnance du juge, indicative des jour et heure où la levée sera faite ;

3° Une sommation d'assister à cette levée, faite au conjoint survivant ;

Aux présomptifs héritiers ;

A l'exécuteur testamentaire ;

Aux légataires universels et à titre universel s'ils sont connus ;

Et aux opposants ;

Il ne sera pas besoin d'appeler les intéressés demeurant hors la distance de 5 myriamètres ;

Mais on appellera pour eux, à la levée et à l'inventaire, un notaire nommé d'office par le président du tribunal de 1re instance ;

Les opposants seront appelés au domicile par eux élu.

Une réquisition. — Si celui qui requiert la levée de scellés ne justifie pas qu'il se trouve au nombre de personnes comprises dans l'article 930, P. R. civ. ou si les héritiers mineurs ne sont pas pourvus de tuteur, le juge de paix ne doit pas faire droit à la requête.

La réquisition est inscrite en suite du procès-verbal d'apposition de scellés, elle est signée ; l'ordonnance se place après sur le même procès-verbal.

Si le juge de paix refuse de déférer à la réquisition, il doit motiver son refus dans l'ordonnance.

Seront appelés. — Il faut prendre ce mot dans le sens de sommés, c'est-à-dire que cette sommation sera faite par huissier.

Le greffier doit délivrer au requérant sur sa demande, l'extrait des oppositions, indiquant les noms et domicile réel ou élu des opposants.

Il est alloué à cet officier ministériel 0,50 centimes par apposition.

Si le scellé avait été apposé en divers lieux, il faudrait en outre indiquer dans l'ordonnance celui par lequel le juge veut commencer son opération.

Il n'y a pas lieu de nommer un notaire pour les opposants domiciliés hors les 5 myriamètres déterminés par l'article 931.

Ils sont censés présents par l'élection de domicile que doit contenir leur opposition.

Lorsqu'un notaire est nommé pour représenter les non présents demeurant à plus de 50 kilom., il doit aussi représenter les non présents demeurant à une moindre distance.

Si tous les non présents sont domiciliés dans une distance de 5 kilomètres, il n'y a pas lieu à la nomination d'un notaire; ils doivent s'imputer d'avoir fait défaut., req. 17 avril 1828. Néanmoins un notaire pourrait les représenter. Il n'y aurait de ce fait aucune nullité.

On n'est pas tenu d'appeler ni de faire représenter

ceux des héritiers présomptifs qui seraient *absents* et dont l'existence ne serait pas reconnue, 136, C. c.

Si ce sont des militaires, il faudrait les faire représenter à l'inventaire et au partage, à moins qu'on ne fît déclarer l'absence ou le décès. L. 11 vent. an II.

Les non présents et les présumés absents doivent être représentés par un notaire séparément par catégorie.

Un aliéné n'ayant ni administrateur provisoire, ni curateur, il conviendrait de le faire représenter par un notaire nommé par le président du tribunal.

L'ordonnance qui commet un notaire pour représenter des héritiers non présents doit être annexée au procès-verbal de scellés et non à l'inventaire. Allain.

Le mari a qualité suffisante pour représenter sa femme à la levée des scellés ainsi qu'à l'inventaire dans une succession à laquelle elle est appelée comme héritière ; le mari procède dans ce cas, comme administrateur des actions mobilières et possessoires de sa femme.

Il en est encore ainsi s'il n'y a qu'une simple exclusion de communauté entre le mari et la femme.

Mais si la femme est séparée de biens ou si étant mariée sous le régime dotal, elle ne s'est pas constituée en dot les successions qui devaient lui échoir, elle doit comparaître personnellement à la levée de scellés et à l'inventaire ; son mari ne pourrait l'y représenter sans une procuration spéciale.

Art. 932. — Le conjoint, l'exécuteur testamentaire, les héritiers, les légataires universels et ceux à titre universel pourront assister à toutes les vacations de la levée de scellé et de l'inventaire en personne ou par un mandataire.

Les opposants ne pourront assister soit en personne, soit par un mandataire, qu'à la 1re vacation.

Ils seront tenus de se faire représenter aux vacations suivantes par un seul mandataire pour tous, dont ils conviendront ;

Sinon, il sera nommé d'office par le juge.

Si parmi ces mandataires se trouvent des avoués du tribunal de 1re instance du ressort, ils justifieront de leur pouvoir par la présentation du titre de leur partie ;

Et l'avoué le plus ancien, suivant l'ordre du tableau, des créanciers fondés en titre authentique, assistera de droit pour tous les opposants.

Si aucun des créanciers n'est fondé en titre authentique, l'avoué le plus ancien des opposants fondés en titre privé assistera.

L'ancienneté sera définitivement arrêtée à la 1re vacation.

Le conjoint, l'exécuteur testamentaire, les héritiers, les légataires universels ou à titre universel ont tous un intérêt distinct et opposé ; de là leur présence à toutes les vacations, soit par eux-mêmes, soit par mandataire.

Tandis que les opposants n'ont qu'un intérêt commun, la conservation des effets de la succession, en tant que créanciers, gage exclusif des créanciers en cas d'acceptation sous bénéfice d'inventaire. Ceux-là n'assisteront par économie qu'à la 1re vacation.

Les créanciers personnels des héritiers du *de cujus* n'ont pas le droit d'assister à la levée des scellés. Cela résulte de l'article 930, P. R. civ. :

« Les opposants pour la conservation des droits de leur débiteur ne pourront assister à la 1re vacation ni concourir au choix d'un mandataire commun pour les autres vacations ».

Les héritiers qui n'ont pas assisté en personne à la levée des scellés, qui se sont fait représenter par un mandataire doivent supporter personnellement les frais du mandat qu'ils ont donné à leur avoué et les déboursés qui en sont la conséquence.

Il en est ainsi d'ailleurs en matière de liquidation et partage, 822 C. c. et en matière de reddition de comptes 529 et 536 C. c.

Sera nommé d'office par le juge? — Est-ce le juge de paix? est-ce le président du tribunal dont parle l'article 932?

Nombre d'auteurs soutiennent que l'article 932 a visé le juge de paix pour désigner d'office l'avoué le plus ancien.

Notre opinion est qu'il est fait allusion au président

du tribunal, et cela, parce que c'est à ce dernier que dans tout le cours des appositions et des levées de scellés, c'est à lui que doivent être déférées toutes les contestations qui surgissent pendant les opérations. Cela résulte encore par analogie de l'article 935, P. R. civ.

Un huissier peut être mandataire d'un héritier. L'article 18, l. 25 mai 1838 ne parle que des *causes* portées devant la jutice de paix.

Art. 933. — Si l'un des opposants avait des intérêts différents de ceux des autres ou des intérêts contraires, il pourra assister en personne ou par un mandataire particulier, à ses frais.

L'article 810, C. c. dit bien « que les frais de scellés, s'il y en a été apposés, d'inventaire et de compte, sont à la charge de la succession ».

Mais en l'espèce les frais faits par l'opposant dont l'intérêt est opposé à celui des autres opposants, lui profitent personnellement, ils l'ont été pour la sauvegarde de son bien propre, et dans ces conditions, il est de toute logique qu'ils ne tombent point à la charge de la succession.

Quand l'article 810 C. c. dispose que les frais sont à la charge de la succession, il entend par là les frais établis dans un intérêt commun, dans l'intérêt de tous, et cet article ainsi compris explique facilement le pourquoi et l'étendue de cette disposition.

Un opposant peut avoir des intérêts différents de ceux des autres opposants, exemple : si un opposant prétendait être propriétaire des meubles que les autres soutiendraient appartenir à la succession.

Les opposants dont il est question dans l'article 933, ce sont les créanciers directs de la succession, et non les créanciers des héritiers de la succession, ces derniers ont bien qualité pour faire apposer les scellés en vue de la conservation des effets du *de cujus*, mais l'article 932 P. R. civ. leur refuse le droit d'assister par eux mêmes ou par mandataire à la levée des scellés, pas même à la 1re vacation.

Art. 934. — Les opposants pour la conservation des droits de leur débiteur ne pourront assister à la 1re vacation, ni concourir au choix d'un mandataire commun pour les autres vacations.

A première lecture cet article 934 a les apparences contradictoires avec l'article 932 n° 2, P. R. civ. ainsi conçu :

« Les opposants ne pourront assister à la levée par eux-mêmes ou par leur mandataire qu'*à la 1re vacation.*

D'une part (934). Les opposants ne pourront assister à la 1re vacation.

D'autre part (932 n° 2 P. R. civ.). Les opposants pourront assister à la 1re vacation.

Cette contradiction n'est qu'apparente. En effet, l'article 934 en disant pour la conservation des droits de *leur débiteur*, ne vise pas le *de cujus*, mais l'*héritier débiteur*.

En conséquence, les opposants pour la conservation des droits des héritiers du *de cujus*, héritiers qui sont leurs débiteurs, ne peuvent assister à la 1re vacation ni concourir au choix d'un mandataire commun pour les autres vacations.

Comme nous l'avons dit sous l'article 933, P. R. les opposants de cette catégorie peuvent demander l'apposition des scellés, 116, C. c. mais ils n'ont pas le droit de requérir la levée, ni d'assister à l'inventaire.

Ce droit n'appartient qu'à ceux qui ont un intérêt direct et immédiat dans ces diverses opérations.

Cette défense de l'article 934 est peut-être regrettable. Aussi certains auteurs, par de subtils arguments, ont-ils cherché à en infirmer la disposition. En effet, les créanciers directs du défunt se trouvent être privilégiés par leur présence à la 1re vacation. Tandis que les créanciers des héritiers de la succession demeurent en mauvaise posture au regard de la conservation de leurs droits. S'il n'existe pas de créanciers directs de la succession, il est bien à craindre que les héritiers ne s'entendent pour favoriser les intérêts de leur cohéritier débiteur, et qu'ils ne dressent des combinaisons pour que les créanciers ne puissent mettre la main sur la part d'actif revenant de la succession du débiteur.

Si d'autre part, il existe des créanciers directs de la succession, les héritiers, ne pouvant s'y dérober, les couvriront de leurs droits, mais quant aux créanciers des héritiers du *de cujus*, le sort de leur créance étant indifférent aux créanciers directs, ils laisseront agir les héritiers comme bon leur semblera, et cela au mépris des droits des créanciers indirects et au profit des héritiers débiteurs.

A la date du 9 décembre 1890 le tribunal d'Etampes a voulu réagir contre les dispositions de l'art 934, mais la cour de Paris à la date du 4 avril 1892 a réformé ce jugement.

La seule ressource des créanciers des héritiers de la succession est d'exercer contre la dite succession, après l'inventaire, les droits de leur débiteur.

Art. 935. — Le conjoint commun en biens, les héritiers, l'exécuteur testamentaire, et les légataires universels ou à titre universel, pourront convenir du choix d'un ou deux notaires, et d'un ou deux commissaires-priseurs ou experts ; s'ils n'en conviennent pas, il sera procédé, suivant la nature des objets, par un ou deux notaires, commissaires-priseurs ou experts, nommés d'office par le président du tribunal de première instance. Les experts prêteront serment devant le juge de paix.

C'est par voie de référé que les parties en désaccord doivent s'adresser au président du tribunal. Celui-ci a un pouvoir discrétionnaire pour désigner tel ou tel notaire, tel ou tel commissaire-priseur ou expert, si les parties n'en conviennent pas.

L'ordonnance de référé est susceptible d'appel devant la cour.

Le référé peut être introduit par voie de citation ; il peut l'être aussi par l'inscription du désaccord sur le procès-verbal du juge de paix, et c'est sur ce procès-verbal que le président désigne la nomination. Ce dernier moyen offre l'avantage d'une marche plus rapide.

Lorsque le défunt a désigné les notaires dans son testament, ce choix ne doit pas être suivi en cas de contestation, les droits de l'homme s'éteignent avec son décès.

En cas de faillite, l'inventaire est fait par les syndics provisoires avec l'assistance du juge de paix, art 479-480 Co.

S'il n'y a pas eu d'apposition de scellés, les experts doivent prêter serment devant les notaires et non plus devant le juge de paix. Cela en vue de l'urgence, et aussi dans un but d'économie.

La disposition de l'art. 935 fait partie du titre de la levée de scellés, le législateur y étant nécessairement préoccupé de la présence du juge de paix, et c'est pour ce cas-là seulement et spécialement qu'il a disposé.

La prisée doit être faite par les commissaires priseurs ; dans les cantons où il n'en existe pas, elle peut l'être par les greffiers, notaires, huissiers ; art 37, déc 14 juin 1813.

Quand il s'agit de la prisée de meubles que les père et mère de mineurs déclarent vouloir garder pour les remettre en nature, art. 453. C. c., l'estimation peut être faite par toute personne désignée par le subrogé-tuteur.

Le notaire pour la prisée du mobilier peut-il, dans les villes où les commissaires-priseurs exercent leur privilège exclusif, adjoindre un expert.

Les commissaires-priseurs peuvent se faire aider par qui bon leur semble, mais nous refusons au notaire d'en prendre l'initiative ; malgré l'arrêt du 22 juin 1837, et celui de la cour de cassation en date du 19 décembre 1838, nous soutenons qu'il y a dans ce fait une violation flagrante des lois 26 juillet 1790, 17 septembre 1893, 28 avril 1816, 5 juin 1851 et des articles 453 C. c. 935-936 P. R. civ.

Le greffier de paix peut, en même temps qu'il rédige le procès-verbal de la levée de scellés, procéder, comme expert-priseur, dans les villes où il n'existe pas de commissaires-priseurs, à l'estimation des objets mobiliers. Décision du garde des sceaux, 8 avril 1835.

Dans ce cas, le greffier n'a pas droit à deux vacations ; il ne peut prétendre qu'à celle qui est taxée par le tarif au taux le plus élevé.

Le choix d'un ou deux notaires ou d'un ou deux commissaires-priseurs ou experts n'appartient aux associés du défunt ou à ses créanciers que lorsque la levée des scellés ne se fait qu'à leur requête, *sans conjoints ni héritiers*.

Art. 936. — Le procès-verbal de levée contiendra, 1° la date ; 2° les noms, profession, demeure et élection de domicile du requérant ; 3° l'énonciation de l'ordonnance délivrée pour la levée ; 4° l'énonciation de la sommation prescrite par l'article 931 ci-dessus ; 5° les comparutions et dires des parties ; 6° la nomination des notaires, commissaires-priseurs et experts qui doivent opérer ; 7° la reconnaissance des scellés, s'ils sont sains et entiers ; s'ils ne le sont pas, l'état des altérations, sauf à se pourvoir ainsi qu'il appartiendra pour raison desdites altérations ; 8° les réquisitions à fin de perquisitions, le résultat desdites perquisitions, et toutes autres demandes sur lesquelles il y aura lieu de statuer.

Enonciation de la sommation prescrite par l'art. 931. — C'est-à-dire la sommation d'assister faite :

Au conjoint survivant,

Aux présomptifs héritiers,

A l'exécuteur testamentaire,

Aux légataires universels ou à titre universel s'ils sont connus ; et aux opposants au domicile élu, c'est-à-dire aux créanciers directs de la succession.

Les intéressés demeurant au delà de 50 kilomètres sont représentés par un notaire appelé et nommé d'office par le président sur requête et ordonnance.

Date. — C'est-à-dire an, jour et heure.

Noms. — Les noms, profession, et domicile *élu*,

si le requérant n'est pas domicilié dans la commune, où le scellé a été apposé, s'il est domicilié dans l'arrondissement, le requérant n'a pas besoin d'élire de domicile. Celui qu'il habite est assez.

Enonciation de l'ordonnance. — C'est l'ordonnance que le juge de paix rend sur le même procès-verbal et à la suite de la réquisition aux fins de levée de scellés.

L'énonciation comprend encore les ordonnances rendues en suite de contestations sur l'apposition avec les renvois en référé argument de l'art. 914 n° 5.

Nomination des notaires. — Faite par les parties et, à défaut d'entente, l'ordonnance du président avec la teneur.

La reconnaissance des scellés. — Le juge de paix doit mentionner l'état où il les a trouvés.

Les réquisitions. — Ce sont celles qui ont été faites en vue de la recherche du testament ou autres pièces et actes dont la découverte était utile et urgente. Le procès-verbal doit relater les résultats de ces recherches.

L'opposition à la réquisition entraîne l'envoi en référé.

Le juge de paix ne doit pas perquisitionner chez un tiers avant une ordonnance du président du tribunal.

Toutes autres demandes. — Il s'agit en l'espèce des demandes sur lesquelles il a fallu statuer, le procès-verbal les énoncera, ainsi que la solution qui sera intervenue, soit en référé, soit devant le tribunal.

Il y a aussi d'autres demandes, exemple : celles tendant à la vente des objets sujets à dépérissement. L'urgence motive la levée des scellés sur ces effets.

Comment doit opérer le juge de paix en présence de bris de scellés ?

L'altération des scellés peut avoir été constatée, soit : 1° au cours de l'apposition ;

2° Soit au moment de la levée.

1° Si l'altération est constatée dans le temps qui s'écoule entre l'apposition et la levée ;

Le juge de paix qui a été informé par le gardien des scellés ou l'un des héritiers ou serviteurs de la maison, doit immédiatement se transporter, dresser procès-verbal séparé des constatations qu'il fait. Il doit établir une enquête minutieuse par des interpellations aux héritiers, voisins, gardien de scellés, etc.

Ce procès-verbal fait sur *papier libre* est adressé avec les pièces justificatives, c'est-à-dire les restes des scellés, au parquet à toutes fins utiles.

Dans son rapport il dira si des valeurs ou objets mobiliers ont été soustraits, s'il existe des traces d'effraction, etc.

Son procès-verbal terminé, il réappose les scellés.

2° Si le bris des scellés est constaté seulement au moment de la levée des scellés. Le juge de paix se borne à constater l'état matériel des scellés, et continue son opération sans en référer au président du tribunal, à moins que les parties ne soulèvent d'incidents.

Il dresse néanmoins un procès-verbal *séparé sur papier libre* en observant les mêmes formalités que celles mentionnées plus haut dans le cas d'altérations constatées avant la levée des scellés. Voir pour les formalités de la procédure les articles 8 à 48. Instr. crim.

Le bris des scellés est puni par le Code pénal et par les articles suivants :

249. Lorsque les scellés apposés, soit par ordre du gouvernement, soit par suite d'une ordonnance de justice rendue en quelque matière que ce soit, auront été brisés, les gardiens seront punis, pour simple négligence, de six jours à six mois d'emprisonnement.

250. Si le bris des scellés s'applique à des papiers et effets d'un individu prévenu ou accusé d'un crime emportant la peine de mort, des travaux forcés à perpétuité, ou de la déportation, ou qui soit condamné à l'une de ces peines, le gardien négligent sera puni de six mois à deux ans d'emprisonnement.

251. Quiconque aura, à dessein, brisé ou tenté de briser des scellés apposés sur des papiers ou effets de la qualité énoncée en l'article précédent, ou participé au bris des scellés ou à la tentative de bris de scellés, sera puni d'un emprisonnement d'un an à trois ans.

Si c'est le gardien lui-même qui a brisé les scellés ou participé au bris des scellés, il sera puni d'un emprisonnement de deux à cinq ans.

Dans l'un et l'autre cas, le coupable sera condamné

à une amende de cinquante francs à deux mille francs.

Il pourra, en outre, être privé des droits mentionnés en l'article 42 du présent Code pendant cinq ans au moins et dix ans au plus, à compter du jour où il aura subi sa peine.

252. A l'égard de tous autres bris de scellés, les coupables seront punis de six mois à deux ans d'emprisonnement; et, si c'est le gardien lui-même, il sera puni de deux à cinq ans de la même peine.

253. Tout vol commis à l'aide d'un bris de scellés sera puni comme vol commis à l'aide d'effraction.

254. Quant aux soustractions, destruction et enlèvements de pièces ou de procédures criminelles, ou d'autres papiers, registres, actes et effets contenus dans les archives, greffes ou dépôts publics, ou remis à un dépositaire public en cette qualité, les peines seront, contre les greffiers, archivistes, notaires ou autres dépositaires négligents, de trois mois à un an d'emprisonnement, et d'une amende de cent francs à trois cents francs.

255. Quiconque se sera rendu coupable des soustractions, enlèvements ou destructions mentionnés en l'article précédent, sera puni de la réclusion.

Si le crime est l'ouvrage du dépositaire lui-même, il sera puni des travaux forcés à temps.

256. Si le bris de scellés, les soustractions, enlèvements ou destructions de pièces ont été commis avec violences envers les personnes, la peine sera, contre

toute personne, celle des travaux forcés à temps, sans préjudice de peines plus fortes, s'il y a lieu, d'après la nature des violences et des autres crimes qui y seraient joints.

Si un vol se commet pendant la levée de scellés, le juge de paix dresse procès-verbal comme en cas de flagrant délit et envoie le coupable devant le procureur de la République.

Le scellé peut être levé en l'absence du gardien.

Si, lors de la levée, les héritiers s'opposent à la recherche du testament, le juge de paix doit se soumettre, quand la levée est faite sans description, si parmi les héritiers, les uns réclament cette recherche et si d'autres refusent, le juge de paix doit se pourvoir en référé.

La levée de scellés peut être pure et simple si les parties d'accord le désirent et s'il n'y a pas de mineurs et dans les cas où le contraire n'est pas prescrit par la loi.

Néanmoins, l'article 451, C. c. dispose que la levée de scellés peut être faite sans description, quand tel est le vœu du tuteur, si le mineur n'est qu'un légataire à titre particulier ou un créancier. Aucune perquisition ne doit être faite si les intéressés ne le demandent.

Mais les scellés ne peuvent être levés sans description, si parmi les héritiers se trouve un mineur émancipé, agissant sans son curateur, même assisté de son père.

Un héritier ne peut faire lever sans description, des scellés apposés sur les effets de la succession, à la requête d'un individu qui prétend avoir des droits en vertu d'un titre contesté.

Le légataire de la totalité des meubles et de l'usufruit des immeubles ne peut demander sans description la levée des scellés à l'encontre des héritiers légitimes du testateur.

S'il se trouve des objets et papiers appartenant à des tiers et réclamés, ils doivent leur être remis. S'ils ne peuvent être remis à l'instant et qu'il soit nécessaire d'en faire la description, elle est faite sur le procès-verbal du juge de paix et non sur l'inventaire, 939, P. R. civ.

L'ordonnance de levée de scellés et le procès-verbal peuvent être faits à la suite de celui d'apposition et sur la même feuille de papier timbré. L. 13 brum. an VII, article 23, décis. min. fin., 20 avril 1816. — Instr. reg. 28 avril 1813.

Art. 937. — Les scellés seront levés successivement, et au fur et à mesure de la confection de l'inventaire : ils seront réapposés à la fin de chaque vacation.

L'article 937 vise la probabilité de la nécessité de la réapposition des scellés.

En effet, un inventaire peut durer plusieurs jours, et si le juge de paix enlevait tous les scellés à la fois, les objets de la succession risqueraient de n'être pas en sécurité.

Il est prudent de ne lever les scellés qu'au fur et à mesure de l'inventaire fait, parce que les personnes présentes, trompant la vigilance du notaire et du juge de paix, pourraient détourner des pièces importantes en fouillant les meubles dans lesquels ils savent les trouver.

Si l'inventaire nécessite plusieurs vacations, le juge de paix doit réapposer les scellés sur les effets non inventoriés.

Les clefs sont de nouveau remises au greffier.

La levée de scellés ne peut avoir lieu qu'au fur et à mesure de l'inventaire :

1° Lorsque les scellés ont été apposés à la requête d'un individu qui prétend avoir des droits sur la succession en vertu d'un titre contesté ;

2° Lorsque le successible n'a accepté ou ne veut accepter la succession que sous bénéfice d'inventaire, article 794, C. c. ;

3° Quand une succession échoit à l'un des époux communs, en biens ou en société d'acquêts, et même non communs en biens, afin de constater les reprises qu'il peut exercer ultérieurement, articles 1414, 1499, 1504, 1532, C. c. ;

4° Lorsqu'il y a des personnes intéressées dans la succession non maîtresses de leur droits, articles 937, 940, C. c. ;

5° Lorsque la femme survivante veut conserver la faculté de renoncer à la communauté. 453 et suivants, C. c. ;

6° Lorsqu'à défaut d'héritiers à un degré successible, la succession est réclamée par le conjoint survivant, l'enfant naturel ou l'Etat. 758, 767, 768, 769, 773, C. c. ;

7° Lorsque la succession est vacante, 813, C. c. 1000 P. R. civ. ;

8° En cas d'absence, 126, C. c. ;

9° En cas de faillite, 479, C. c. Les formalités à suivre sont celles tracées par les articles 481 et 480, C. c. ;

480. L'inventaire sera dressé en double minute par les syndics, à mesure que les scellés seront levés, et en présence du juge de paix, qui le signera à chaque vacation. L'une de ces minutes sera déposée au greffe du tribunal de commerce, dans les vingt-quatre heures ; l'autre restera entre les mains des syndics.

Les syndics seront libres de se faire aider, pour sa rédaction comme pour l'estimation des objets, par qui ils jugeront convenable.

Il sera fait récolement des objets qui, conformément à l'article 469, n'auraient pas été mis sous les scellés, et auraient déjà été inventoriés et prisés.

481. En cas de déclaration de faillite après décès, lorsqu'il n'aura point été fait d'inventaire antérieurement à cette déclaration, ou en cas de décès du failli avant l'ouverture de l'inventaire, il y sera procédé immédiatement, dans les formes du précédent article, et en présence des héritiers, ou eux dûment appelés.

Si l'un des héritiers se trouvait à l'étranger, la sommation qui doit lui être faite, ne doit pas subir le délai de distance. L'article 73, P. R. civ. n'est pas applicable. Il suffirait qu'il fût fait sommation aux héritiers au domicile mortuaire (dans le cas de l'art. 481, C. c.), d'être présents à la levée des scellés pour qu'il pût être passé outre à la confection de l'inventaire.

10° Lorsqu'il y a un exécuteur testamentaire. 1031, C. c.;

11° Après la séparation de corps ou de biens. 270, 1463, C. c. et après divorce, l. 27 juillet 1884;

12° Lorsqu'il y a des créanciers opposants aux scellés, arg. art. 820 et suiv., C. c., 909, 931, 941, P. R. civ.;

13° Lorsqu'il y a substitution universelle ou à titre universel faite par le défunt. 1058, C. c.;

14° Lorsqu'il n'y a d'institué que les légataires à titre universel.

Art. 938. — On pourra réunir les objets de même nature, pour être inventoriés successivement suivant leur ordre ; ils seront, dans ce cas, replacés sous les scellés.

Lors même que les objets compris sous le scellé ont été inventoriés, le juge de paix doit continuer à assister à l'inventaire.

Art. 939. — S'il est trouvé des objets et papiers étrangers à la succession et réclamés par des tiers, ils seront remis à qui il appartiendra ; s'ils ne peuvent être remis à l'instant et qu'il soit nécessaire d'en faire la description, elle sera faite sur le procès-verbal des scellés, et non sur l'inventaire.

Tant que les papiers étrangers à une succession n'ont pas été réclamés par des tiers, il suffit que ces papiers restent en dépôt sous le scellé *particulier* qui y a été apposé. Le juge de paix doit, dans le cas où ils sont réclamés comme dans le cas où ils ne le sont pas, constater l'existence et en faire une description sommaire sur son procès-verbal.

Ce n'est pas l'espèce pour le juge d'ordonner que ce scellé sera levé avec description des papiers. Ici ne s'applique pas l'article 939.

Il est bien entendu que la remise dont parle cet article ne peut avoir lieu qu'autant qu'elle est réclamée par des tiers. Aix 28 juillet 1838.

D'après certains auteurs, le juge de paix à moins qu'il n'en soit requis, n'aurait pas le droit d'examiner les papiers ni même d'en prendre connaissance à la levée des scellés; le notaire seul aurait ce droit. Allain, dans son excellent ouvrage « le Manuel encyclopédique des juges de paix » s'exprime en ces termes :

« Nous ne pouvons partager les principes qui par leur généralité, tendent évidemment à substituer le notaire au juge de paix dans la levée des scellés, portent une atteinte réelle au caractère et aux attributions de ce magistrat, et sont contraires à l'esprit des articles 916-917-918-919-920-936-937-939. P. R. civ. Combinès.

En effet, le juge de paix, dans le cours de l'apposition et de la levée des scellés, est le représentant légal des parties intéressées à la conservation des choses mises sous scellés.

Son mandat subsiste non seulement jusqu'à ce que chaque objet ait été reconnu et décrit, soit dans ses procès-verbaux d'apposition et de levée de scellés, soit dans l'inventaire.

Il subsiste même jusqu'à la clôture de ce dernier acte.

Le juge de paix a le premier rôle à remplir dans ces opérations : il doit présider.

Il réappose les scellés à la fin de chaque vacation ; s'il est découvert un testament olographe ou autres papiers, c'est lui qui doit les représenter au président et non le notaire ;

S'ils sont ouverts, il en constate l'état, et s'ils sont cachetés, il en constate la forme extérieure, le sceau et la suscription, paraphe l'enveloppe avec les parties, et indique le jour où ils seront par lui présentés au président.

Si les papiers ne sont pas cachetés et qu'ils intéressent des tiers c'est encore sur son procès-verbal et non dans l'inventaire que la description doit en être faite ainsi que la mention de la remise aux ayants-droit, si elle n'est pas contestée.

Enfin, c'est sur son procès-verbal que toutes demandes, dires, réquisitions, référés, etc., sont constatés dans le cours de la levée des scellés faite au fur et à mesure de l'inventaire.

Est-il possible qu'investi d'attributions si étendues, le juge de paix ne puisse, dans l'intérêt des parties qu'il représente, et dont il est l'intermédiaire naturel et légal, prendre connaissance des papiers mis sous scellés, par la seule raison que la levée se fait en même temps que l'inventaire ?

Telle n'a pu être l'intention du législateur. Si donc, un tel refus avait lieu, le juge de paix devrait de suite le constater, arrêter l'opération et en référer au président.

Lorsqu'il y a opposition à la remise des objets et papiers étrangers à la succession, trouvés sous le scellé, le juge de paix en fait la description sur son procès-verbal et renvoie les parties se pourvoir devant le juge compétent. Arg. de l'art. 939 P. R. civ.

Les perquisitions ont lieu pour découvrir soit un testament, soit des objets appartenant à des tiers et réclamés par ceux-ci, soit des objets déplacés et détournés. Dans ce dernier cas le juge de paix, dit Allain, doit agir avec beaucoup de circonspection pour celles qu'il serait appelé à faire dans les maisons tierces ; si la personne au domicile de laquelle les recherches doivent être faites s'y oppose, il doit recevoir sa déclaration et en référer sur ce point au président du tribunal en établissant gardiens aux portes jusqu'à l'exécution de l'ordonnance. Selon nous, nous conseillons à nos collègues d'en référer au président dans tous les cas, et de ne jamais perquisitionner chez des tiers sans une ordonnance.

Art. 940. — Si la cause de l'apposition des scellés cesse avant qu'ils soient levés, ou pendant le cours de leur levée, ils seront levés sans description.

Si la cause de l'apposition a cessé. — Exemple de cette cessation de cause : si l'héritier unique a désintéressé les créanciers ou les légataires qui s'étaient opposés à ce que les scellés fussent levés hors de leur présence.

Quand les ayants-droit ne sont pas tous d'accord le scellé ne peut être levé sans inventaire.

Quelle serait la conséquence si les héritiers faisaient lever les scellés sans description hors la présence des opposants ? — Cette façon de faire entraînerait d'abord la responsabilité du notaire, et une demande en dommages-intérêts contre ceux qui auraient requis cette levée.

En outre, les héritiers ne pourraient plus accepter la succession sous bénéfice d'inventaire.

Si parmi les ayants-droit il y a des mineurs ou des interdits, même pourvus de tuteurs, les scellés ne doivent pas être levés sans description, à moins que ceux-ci ne soient intéressés que comme légataires particuliers ou comme créanciers.

Les procurations appartiennent au notaire qui doit les annexer à son inventaire. Le juge de paix ne pourrait s'y refuser, sous prétexte qu'ils doivent faire partie de son procès-verbal. Circulaire garde des sceaux, 28 avril 1832.

S'il est trouvé un testament cacheté ou ouvert pendant le cours de la levée des scellés, c'est au juge de paix et non au notaire qu'il appartient de le présenter au président du tribunal.

De même que le jour et l'heure de la levée des scellés doivent être fixés par le juge de paix, de même aussi il appartient à ce magistrat d'indiquer le jour et l'heure de la levée des séances et de la reprise des opérations. Lettre ministérielle 27 juillet 1824.

Carré prétend que le juge de paix peut autoriser le notaire à emporter les papiers pour les inventorier en son étude.

Nous ne partageons pas son opinion, cette manière de faire peut entraîner de graves inconvénients ; le magistrat doit au contraire s'opposer à ce qu'après la prisée du mobilier, les papiers soient emportés par le notaire pour être l'inventaire continué et terminé en son étude, alors même que les parties y consentiraient.

La présence du juge de paix est indispensable jusqu'à la clôture définitive de l'opération.

En effet, nous nous demandons comment, dans ces conditions, on pourrait obéir aux prescriptions de l'art. 939 P. R. civ.

Admettons l'hypothèse qu'un tiers se présente dans l'étude du notaire et réclame des papiers lui appartenant. L'officier ministériel en réfèrera aux héritiers ;

mais si ceux-ci s'y opposent, le juge de paix ne pourra plus mettre l'objet de la contestation sous scellés particuliers, puisqu'ils ont été déplacés, et, qu'il n'a aucune qualité pour faire cette opération sur les meubles du notaire ; il ne pourra en faire la description sommaire sur son procès-verbal, puisque celui-ci est clos ; puis, sur quelle base enverra t-il les parties se pourvoir en référé.

La même difficulté surgira dans l'hypothèse où il y aurait contestation entre les héritiers relativement à des papiers et pièces de la succession.

Nous avons résumé sous l'art. 937 P. R. civ. dans quels cas les scellés *ne pouvaient* être levés sans description, voyons maintenant la généralité des causes qui *permettent* la levée sans description.

1° Si la cause de l'apposition cesse avant qu'ils ne soient levés ou pendant le cours de leur levée par exemple si depuis l'apposition sur les meubles d'une succession échue à un mineur ou un interdit, cet incapable a été pourvu d'un tuteur et d'un subrogé-tuteur.

Si la femme divorcée a fait apposer les scellés pour la garantie des biens de la communauté, elle renonce à la communauté après leur apposition.

2° Si les successeurs universels sont majeurs et s'accordent pour demander cette levée sans description, afin d'éviter les frais et d'empêcher de pénétrer le secret des affaires de la succession.

3° Si le légataire qui poursuit la levée est désintéressé.

4° Si l'héritier remet à l'exécuteur testamentaire une somme suffisante pour acquitter les legs particuliers. 1027. C. c.

Coût des divers actes nécessités par l'apposition et la levée des scellés avec les droits d'Enregistrement

Timbre. — Suivant la dimension employée.
Ordinairement 1 20

Enregistrement. — Avec les décimes.
Par vacation............................ 3 75

L. 22 frim. an VII, art. 68, 19 juillet 1845, art. 5, 28 fév. 1872, art. 4, 28 avril 1893, art. 24.

En matière de faillite le droit est de 3 fr. 75, quel que soit le nombre des vacations. L. 22 frimaire, an VII, art. 68, n° 2, 19 fév. 1872, art. 12.

Pour les indigents, les procès verbaux sont visés pour timbre et enregistrés gratis.

Les procès-verbaux des scellés sur les caisses et bureaux des comptables publics sont également visés pour timbre et enregistrés gratis (art. 911, P. R. civ., art. 1., l. 11 août, 17 octobre 1792), décision garde des sceaux, 12 mars 1846, instr. 30 novembre 1846.

Quant aux procès-verbaux d'apposition de scellés d'*office*, 911, P. R. civ., ils sont visés pour timbre et enregistrés en débet, décision 20 fructidor, an X, 1er prairial, an XIII, instr. 3 fructidor, an XIII.

Enregistrement de l'ordonnance du juge de paix, à la suite de la réquisition aux fins d'apposition de scellés. L. 22 frim. an VII, art. 68.

Avec les décimes 1 88

Emoluments des greffiers

Il est alloué aux greffiers les 2/3 des vacations autrefois attribuées aux juges de paix pour assistance aux appositions, levée de scellés et aux référés, déc. 16 fév. 1807. (Les vacations des juges de paix ont été abrogées par l. 21 juin 1845), mais celles des greffiers subsistent sur la même base.

Le juge de paix touchait autrefois par vacation.

A Paris et villes assimilées	5	»
Villes de 20.000 âmes où il y a un tribunal de 1re instance	3	75
Ailleurs	2	50

Les vacations des greffiers étant des 2/3, ils se répartissent de la manière suivante :

Il est accordé souvent 2 vacations.

Paris et villes assimilées	3	33
30.000 âmes. Cour d'appel	3	»
1re instance	2	50
Ailleurs	1	67

En matière d'apposition de scellés, les vacations ne sont pas limitées au nombre de deux comme pour les conseils de famille.

Expédition

Les greffiers ne peuvent délivrer d'expéditions entières de procès-verbaux d'apposition de reconnaissance et de levée de scellés, qu'autant qu'ils en sont expressément requis par écrit.

Pour chaque rôle d'expédition de 20 lignes à la page et 10 syllabes à la ligne :

Tarif 16 fév. 1807, art. 9.

A Paris et villes assimilées 0 50
1re instance 0 40
Ailleurs 0 40

Les greffiers sont tenus de délivrer les extraits qui leur sont demandés, quoique l'expédition n'ait pas été demandée ni délivrée. Tarif 16 fév. 1807, art. 8.

Etat de frais

A défaut d'expédition et d'extraits, où les émoluments sont visés par le magistrat, les greffiers ne peuvent toucher leurs honoraires que sur des états de frais taxés par le juge de paix.

Il est dû pour cet extrait.................... 0 10

Ord. 17 juillet 1825, art. 1.

Transport

Les greffiers n'ont pas droit au transport, mais s'il y a lieu à référer devant le président du tribunal de l'arrondissement, l'officier ministériel a droit aux 2/3 du transport du juge de paix. Tarif du 16 février 1807 et non la loi de 1845, soit par myriamètre, aller....................... 1 33

Et autant pour le retour. Ou encore pour une journée de 5 myriamètres 6 66

Si la distance est moindre qu'un myriamètre, il n'est rien dû.

Cire-rubans

Le tarif n'accorde rien pour ce débours, mais il est d'usage d'attribuer au greffier pour chaque bande de ruban employé....................... 0 25

Gardien de scellés

Les frais de garde sont taxés par chaque jour pendant les 12 premiers jours.

A Paris et villes assimilées.................. 2 50

1re instance............................ 2 »

Ailleurs................................ 1 50

Ensuite seulement à raison de Paris et villes ssimilées................................ 1 »

1re instance............................ 0 80

Ailleurs................................ 0 60

Déc. 16 fév. 1807, art. 26.

Déclaration au greffe du tribunal de 1re instance

Conformément à l'art. 925, P. R. civ. 2 50

Une seule vacation est autorisée.

Art. 17. Tar. 16 fév. 1807

Emoluments du greffier de 1re instance pour l'inscription à faire sur son registre, art. 925, P. R. civ................................ 1 60

Décr. 24 mai 1854, art. 7.

Répertoire

Il est dû au greffier de paix pour chaque mention portée sur un registre timbré (répertoire prescrit par l'art. 49, l. 22 frim an VII)........ 0 25

Décret 24 novembre 1871, art. 3, n° 5 et lettre du parquet de la Seine, janvier 1872.

Transport du juge de paix, si l'apposition a lieu à plus de 5 kilomètres du chef-lieu........ 5 »

En cas de transport à plus d'un myriamètre.. 6 »

Si les opérations durent plus d'un jour, l'indemnité est fixée, suivant la distance à........ 5 ou 6 »

Ordonnance du 7 décembre 1845.

Référé

L'ordonnance du président s'inscrit sur le procès-verbal d'apposition.

Il n'est rien dû pour les dires des parties sur le procès-verbal, non plus que pour l'ordonnance du juge de paix par laquelle il les renvoie devant le président du tribunal.

Transport du juge. — Si le tribunal est situé à une distance supérieure à 5 kilomètres du chef-lieu du canton où l'opération du scellé a lieu.

A plus de 5 kil	5	»
A plus de 10 kil	6	»

Ord. 6 décembre 1845. Loi 21 juin 1845.

Transport du greffier. — Le greffier a droit au 2/3 de l'ancien transport du juge.

Par myriamètre aller et autant pour le retour.	1	33
Pour une journée de 5 myriamètres	6	66

En vertu de décret 16 février 1807 et non l'ordonnance 6 décembre 1845.

Vacations du greffier. — Il est alloué les 2/3 des anciennes vacations des juges de paix aux référés, art. 921 et 935, P. R. civ., art. 16. décr. 16 fév. 1807.

Par vacation à Paris et villes assimilées	3	33
30,000 habitants, cour d'appel	3	»
1re instance	2	50
Ailleurs	1	67

Enregistrement. — Ordonnance du juge de paix par laquelle il renvoie les parties se pourvoir en référé et fixe le jour et l'heure.

Avec les décimes 1 88

L. 22 frim. an VII, art. 68.

Ordonnance rendue par le président sur la difficulté qui avait surgi au cours de l'apposition.

Avec les décimes 5 62 5

L. 28 avril 1816, art. 44. n° 10.

Opposition aux scellés. 926 P. R. civ.

Les oppositions s'inscrivent sur le procès-verbal d'apposition.

Ainsi que l'ordonnance du président du tribunal.

Emoluments du greffier

Art 18, décr. 16 fév. 1807.

Par vacation à Paris et villes assimilées 0 50

1re instance 0 40

Ailleurs 0 40

Enregistrement de l'ordonnance du juge de paix pour le référé, avec les décimes........... 1 88

L. 22 frimaire, an VII, art. 68.

Enregistrement de l'ordonnance du président du tribunal sur le bien ou mal fondé de l'opposition

Avec les décimes 5 62 5

L. 28 avril 1816, art. 44, n° 10.

Dépôt de testament entre les mains du président 916, 917, 918, 920, P. R. civ.

Transport du juge de paix, s'il y a lieu de se déplacer à une distance supérieure à 5 kilomètres du chef-lieu du canton .... 5 »

A pludes 10 kilomètres.................... 6 »
Si l'absence doit durer une journée et plus.
Par jour.................................. 5 à 6 »
L. 21 juin 1845, ordonnance 6 décembre 1845.

Cette loi et cette ordonnance ont abrogé les articles 1, 2, 3, du décr. 16 fév. 1807.

C'est au président du tribunal dans l'arrondissement duquel les scellés sont apposés qu'il convient de remettre le testament et non au président du lieu de l'ouverture de la succession.

Timbre pour la rédaction de l'acte de dépôt par le greffier du tribunal de 1re instance suivant la dimension.

Ordinairement.......................... 0 60
Emoluments du greffier de 1re instance...... 1 50
Décr. 24 mai 1854.

Pour opérer le dépôt d'un testament olographe ou mystique, non compris le transport s'il y a lieu............................ 6 »
Répertoire............................... 0 25
Décr. 24 nov. 1871.

Enregistrement de l'acte du dépôt.
Avec les décimes......................... 5 62 5
L. 22 frimaire, an VII, 28 avril 1872.

Opposition à la levée de scellés

Cette opposition peut être faite par ministère d'huissier ou sur le procès-verbal d'apposition de scellés.

Si cette opposition est faite par huissier, celui-ci délivre copie au greffier, et il n'est attribué aucun émolument à ce dernier pour le visa, art. 19, décr. 16 fév. 1807.

Coût de l'exploit d'huissier

Timbre, suivant dimension, ordinairement original.................................. 0 60 »

Pour les copies autant de fois 0,60 cent. qu'il y a de copies.................................. 0 60

Enregistrement.......................... 1 25

L. 26 janv. 1892, art. 6.

Emoluments de l'huissier pour la sommation original.................................. 1 50

De l'original copie.......................... 0 37 5

Décr. 16 fév. 1816, art. 21, n° 11 et 13.

Transport (s'il y a lieu) qu'autant qu'il y aura plus de 5 kilomètres de distance entre la demeure de l'huissier et le lieu où l'exploit devra être posé.

Aller et retour par myriamètre............. 2 »

Art. 23, décr. 16 fév. 1807.

Enveloppe s'il y a lieu...................... 0 15

Décr. 13 novembre 1899, complément de l'art. 68, P. R. civ.

Enregistrement de l'ordonnance de renvoi en référé rendue par le juge de paix............ 1 88

Loi 22 frimaire, an VII, art. 68.

Enregistrement de l'ordonnance du président statuant sur l'opposition.

Avec les décimes.................................... 5 62 5

L 28 avril 1816, art. 44, n° 10.

Si l'apposition est faite sur le procès-verbal d'apposition de scellés.

Le coût est le suivant :

Emoluments du greffier de paix. Paris et villes assimilées	0 50
1re instance	0 40
Ailleurs	0 40
Art. 18, décr. 16 fév. 1807.	
Ordonnance du juge de paix qui envoie en référé.	
Enregistrement avec les décimes	1 88
L. 22 frimaire, an VII, art. 68.	
Vacation du greffier au référé à Paris et villes assimilées	5 »
20.000 habitants, 1re instance	2 50
Ailleurs	1 67
Enregistrement de l'ordonnance du président statuant sur l'apposition avec décimes	5 62 5
L. 28 avril 1816, art. 44, no 10.	
Transport du juge et du greffier s'il y a lieu. (Voir référé).	Mémoire
Requête adressée au juge de paix aux fins de continuation de la levée de scellés, après l'ordonnance du président du tribunal.	
Enregistrement de l'ordonnance du juge de paix faisant droit à cette réquisition et fixant jour et heure, avec décimes	1 88
Loi 22 frimaire, an VII. art. 68.	

On peut éviter les frais de cette dernière procédure.

Après l'ordonnance rendue par le président du tribunal, le juge de paix, sans réquisition, se rend sur les lieux et continue les opérations suspendues par l'opposition.

Référé avant la levée ou pendant le cours de la levée des scellés

L'opposition à la levée des scellés peut être faite de deux manières :

Soit par un référé introduit directement devant le président du tribunal par ministère d'avoué, sur requête.

Ou encore avant ou pendant le cours de la levée par opposition formée sur le procès-verbal du juge de paix.

Ce dernier moyen est le plus rapide et le moins coûteux.

Si le référé est introduit sur requête par ministère d'avoué.

Voici les frais :

Sommation à tous les intéressés pour être présents et défendre leurs droits à tel jour, telle heure devant le président du tribunal.

Voir les frais de la sommation par huissier sous chapitre « Opposition à la levée des scellés ».

Requête au président de 1re instance.

A l'avoué pour de la requête	1 50
Timbre	0 60
Enregistrement	4 50
Décimes	1 13

Art. 78, § 13, tarif 16 fév. 1807.

Vacation à l'avoué pour s'opposer à la levée par chaque 3 heures	4 50

Art. 94, 1 et 7, décr. 16 fév. 1807.

Ordonnance du président du tribunal.

Enregistrement avec décimes	5 62 5

Loi 28 avril 1816, art. 44, n° 10.

Si l'opposition a lieu sur le procès-verbal du juge de paix, les frais sont les suivants :

Ordonnance du juge de paix de renvoi en référé,

Enregistrement.

L. 22 frimaire, an VII, art. 68.

Ordonnance du président du tribunal statuant sur l'opposition 5 62 5

L. 28 avril 1816, art. 44, n° 10.

Transport du juge et du greffier pour .... Mémoire

Levée des scellés (V. apposition)

Réquisition et *ordonnance* du juge de paix, fixant jour et heure de la levée.

Enregistrement de l'ordonnance avec les décimes 1 88

L. 22 frim. an VII, art. 68.

Timbre. — Suivant dimension, souvent.... . 1 20

Emoluments du greffier par vacation.

A Paris et villes assimilées 3 33

30,000 habitants. Cour d'appel .... 3 »

20,000 habitants, 1re instance............... 2 50

Ailleurs.................................. 1 67

Souvent il est accordé 2 vacations, mais le tarif ne les a pas limitées.

Enregistrement. — Par vacation, avec décimes.. 3 75

En matière de faillites. le droit est de 3,75, quel que soit le nombre des vacations.

Procès-verbaux pour indigents sont visés pour timbre et enregistrés gratis ;

De même aussi, ceux dont l'apposition a été faite sur les caisses et bureaux des comptables publics.

Expédition. — Qu'autant qu'elles sont requises par écrit pour chaque rôle d'expédition de

20 lignes à la page et 10 syllabes à la ligne.

A Paris et villes assimilées	0 50
20.000 habitants, 1re instance...............	0 40
Ailleurs....................................	0 40

Les greffiers sont tenus de délivrer des extraits quoique l'expédition entière n'ait été ni demandée, ni délivrée.

Etat de frais à défaut d'expédition ou d'extrait.	0 10
Transport du juge de paix s'il y a lieu pour..	Mémoire
Répertoire.................................	0 25

Opposition à la levée de scellés (voir ce mot).

Prisée de meubles par le greffier

Les juges de paix n'ont pas à taxer les frais du greffier en matière de prisée.

Vacation de 3 heures pour priser :

Cour d'appel et villes assimilées............	6 »
1re instance..............................	5 »
Ailleurs..................................	5 »
Droit de vente non compris les déboursés, par 100 francs	6 »

Vacation pour préparer les objets mis en vente (elles ne sont allouées que si le produit de la vente s'élève à 3.000 francs),

Cour d'appel..............................	6 »
1re instance..............................	5 »
Ailleurs..................................	5 »
Assistance au référé. Cour d'appel..........	6 »
1re instance..............................	5 »
Ailleurs..................................	5 »
Expédition ou extrait de chaque rôle des procès-verbaux de vente	1 50

Consignation à la caisse de dépôts et consignations s'il y a lieu,

Cour d'appel	6 »
1re instance	5 »
Ailleurs	5 »
Poinçonnage des matières d'or et d'argent.	
Cour d'appel	6 »
1re instance	5 »
Ailleurs	5 »
Paiement des contributions.	
Cour d'appel	6 »
1re instance	5 »
Ailleurs	5 »

Les notaires, conformément aux l. 21, 26 juillet 1790; 17 septembre 1793, art. 1; 27 ventôse, an IX, art. 1 et 28 avril 1816. art. 89, peuvent procéder à la prisée de meubles hors du chef-lieu ou les commissaires-priseurs exercent leur ministère; mais il n'ont pas qualité pour procéder à l'estimation et à la prisée des objets mobiliers, en même temps qu'ils en font l'inventaire.

Ils ne peuvent agir en cette qualité que s'ils ne sont pas commis par les héritiers pour faire l'inventaire et nous soutenons cette doctrine, malgré et quoi qu'en dise la Cour de Grenoble dans son arrêt du 5 décembre 1839.

Que le greffier du juge de paix puisse, en même temps qu'il rédige le procès-verbal de la levée des scellés, procéder comme expert-priseur, à l'estimation des objets inventoriés, cela se conçoit et est reconnu d'ailleurs comme légal par décision du garde des sceaux du 8 avril 1835 et par le rapport de M. Gillon, à la Chambre des Députés, du 1er mars 1834, parce que son rôle comme greffier cesse dès que le scellé est levé, et que celui d'expert ne commence qu'après la levée du scellé. Tandis que le rôle du notaire chargé de procéder à l'inventaire et celui de l'expert-priseur, au contraire, commencent et finissent en même temps.

Mais dans ce cas, le greffier n'a pas droit à 2 vacations, il ne peut prétendre qu'à celle qui est taxée par le tarif au taux le plus élevé.

(Voir *Manuel encyclopédique des juges de paix* par Allain revu et corrigé par d'Hooghe, juge de paix du canton-ouest de Cambrai (Nord).

Requête au président du tribunal aux fins de permission de faire apposer les scellés

A l'avoué dresse de la requête	1 50
Timbre	0 60
Enregistrement	4 50
Décimes	1 13
Art. 78 §§ 1, 3. Tarif, 16 fév. 1807.	
Vacation à l'avoué pour requérir l'apposition des scellés pour chaque trois heures	4 50
Art 91, §§ 1 et 7. Tarif 16 fév. 1807.	
Ordonnance du président du tribunal	5 62 5
Loi 28 avril 1816, art. 44, n° 10.	
Transport de l'avoué s'il y a lieu :	
Art. 144. Tarif 16 fév. 1807.	

Requête pour faire commettre un notaire

A l'effet de représenter les absents présumés dans les inventaires, compte, partage et liquidation.

A l'avoué, requête	1 50
Timbre	0 60
Enregistrement	2 50
Décimes	1 13
Vacation pour 3 heures	4 50
Transport	Mémoire

Par absents présumés, il faut entendre les héritiers et autres intéressés qui demeurent au-delà de 50 kil. du lieu de l'ouverture de la succession, art. 942, P. R. civ.

FORMULAIRE

SECT. V. — Formules.

§ 1er. — Ordonnances diverses du juge de paix sur réquisitions, autorisant l'apposition des scellés.

L'an..., le..., heures,

Par-devant nous, Adolphe D .., juge de paix, du canton de..., département de..., assisté de Me ....., greffier de cette justice de paix ;

Est comparu, dans notre cabinet, à..., le sieur ...., rentier, demeurant à......., où il déclare faire élection de domicile.

1. Ordonnance sur réquisition d'un héritier.

Lequel a dit qu'il est habile à se dire et porter seul et unique héritier présomptif;

(Ou) Héritier présomptif en partie ;

De M. ...., son oncle maternel, décédé aujourd'hui, en sa demeure, sise à...., que pour la conservation de ses droits ;

(Ou) Que voulant faire constater légalement les forces et charges de la succession dudit feu sieur .... ;

(Ou encore) Que dans l'intérêt des héritiers présomptifs absents et de tous autres qu'il appartiendra ;

Il requiert, sans entendre prendre, quant à présent, aucune qualité, qu'il nous plaise d'apposer sans délai les scellés sur les meubles et effets, titres et papiers dudit défunt, et a signé.

(Signature).

Nous, juge de paix,

Vu la réquisition ci-dessus et les art. 819 du C. civ., et 909 du C. proc. civ. ;

Attendu que le comparant, en la qualité qu'il agit, a droit de requérir l'apposition des scellés,

Disons qu'il sera par nous procédé à l'apposition des scellés, cejourd'hui, ... heures du matin, au domicile et après le décès dudit feu sieur ..., pour la conservation des droits du requérant et de tous autres qu'il appartiendra, et avons signé avec le greffier. (*Signatures*).

2. Ordonnance sur réquisition d'un légataire universel.

Lequel a exposé que, par testament passé devant M^{e}..., notaire à. ., en présence de quatre témoins, le .., enregistré, M. ...., rentier, demeurant à......., décédé audit lieu cejourd'hui, l'a institué son légataire universel, et qu'en cette qualité, il requiert l'apposition des scellés sur les meubles, effets, titres, papiers et renseignements dépendant de la succession dudit défunt,et a signé. (*Signature*).

Nous, juge de paix.

Vu la réquisition ci-dessus, l'expédition en forme du testament sus énoncé, représentée, et l'art. 909 du C. de pr. civ.

Attendu que le comparant, en sa qualité de légataire universel, a droit de requérir l'apposition des scellés, au domicile et après le décès dudit feu sieur ....

Disons qu'il y sera par nous procédé à l'instant même, et avons signé avec le greffier. (*Signatures*).

Et le...,

En conséquence de notre ordonnance qui précède, etc.

3. Ordonnance sur réquisition d'un exécuteur testamentaire.

Lequel a exposé que le sieur ...., rentier décédé à....., le....., l'a nommé son exécuteur testamentaire, aux termes de son testament par lui fait olographe, en date, à..., du..., enregistré au même lieu, le..., et déposé pour minute à Me..., notaire à..., par M. le président du tribunal de première instance de l'arrondissement de..., aux termes de son procès-verbal d'ouverture et de description du testament, en date du..., laissant des héritiers absents et des mineurs; qu'en sa dite qualité d'exécuteur testamentaire, il s'empresse de requérir l'apposition des scellés, en la demeure du défunt sise à..., n°, et a signé. (*Signature*).

Nous, juge de paix,

Vu la réquisition ci-dessus, l'expédition en forme du testament sus-énoncé, et l'art. 1031 du C. civ. ;

Attendu que le comparant, en sa qualité d'exécuteur testamentaire, est tenu de faire apposer les scellés dans la circonstance,

Disons qu'il y sera par nous procédé à l'instant même, et avons signé avec le greffier. (*Signatures*).

Et le..., etc..., etc...

4. Ordonnance sur réquisition d'une veuve, mariée sous le régime dotal.

Laquelle a exposé que M. ...., propriétaire, avec lequel elle était mariée sous le régime dotal, suivant leur contrat de mariage, passé devant Me........., notaire à..., le..., enregistré, est décédé cejourd'hui, en sa demeure à... ; que pour la conservation des créances et droits matrimoniaux qu'elle peut avoir à exercer contre la succession du défunt, ainsi que les droits des héritiers légitimes dudit défunt et de tous autres qu'il appartiendra, elle requiert qu'il nous plaise apposer sans délai les scellés sur les meubles et effets, titres, papiers et renseignements dudit défunt, et a signé.

(*Signature*).

Vu la réquisition ci-dessus, et les articles 819, C. civ. et 909, C. de proc., obtempérant à ladite réquisition,

Nous, juge de paix, assisté du greffier nous sommes de

suite transporté en la demeure susdésignée du défunt, à l'effet d'y apposer les scellés, où étant arrivé et monté au premier étage dans une chambre, etc.

5. Ordonnance sur réquisition d'un créancier fondé en titre exécutoire.

Lequel a exposé qu'il est créancier fondé en titre exécutoire de M..., rentier, demeurant à..., d'une somme de deux mille francs ; que son débiteur étant décédé hier, à... du soir, il requiert, en vertu de son titre ainsi que la loi le lui permet, qu'il nous plaise apposer sans délai les scellés sur les meubles, effets, titres et papiers dépendant de la succession dudit défunt, et se trouvant dans le domicile où il est décédé, à..., et a signé. *(Signature)*.

Nous, juge de paix.

Vu la réquisition ci-dessus, la grosse en forme exécutoire du titre susénoncé, et les art. 820, C. civ. et 909, C. proc.

Attendu que le comparant, en la qualité qu'il agit, a droit de requérir l'apposition des scellés pour sûreté de sa créance,

Disons que les scellés seront tout présentement apposés au domicile, et après le décès dudit feu sieur ..., et avons signé avec le greffier. *(Signatures)*.

6. Ordonnance sur réquisition d'un créancier chirographaire autorisé par le président du tribunal de première instance.

Lequel a exposé qu'il est créancier de M. ..., profession, décédé aujourd'hui en sa demeure, sise à..., de la somme de huit cents francs, montant d'un mémoire d'épiceries (ou d'un billet, ou toute autre cause), et que pour sûreté, conservation et avoir paiement de ladite somme il a obtenu, le jour d'hier, une ordonnance de M. le président du tribunal de première instance de l'arrondissement de..., qui lui a permis de faire apposer les scellés au domicile et après le décès de son débiteur, laquelle ordonnance, dûment enregistrée, étant au bas de la requête présentée à ce magistrat, nous a été représentée et est demeurée ci-annexée, après avoir été signée et certifiée sincère et véritable par le comparant ;

Qu'en conséquence, il requiert qu'il nous plaise apposer sans délai les scellés sur les meubles, effets, titres, papiers et renseignements dépendant de la succession dudit défunt, eta signé. (*Signature*).

Nous, juge de paix.

Vu la réquisition ci-dessus, l'ordonnance de M. le président du tribunal de première instance de l'arrondissement de..., en date du.... enregistrée, ci-annexée ;

Attendu que le comparant, en la qualité qu'il agit, est légalement autorisé à requérir l'apposition des scellés ;

Disons qu'il sera par nous procédé tout présentement à l'apposition desdits scellés, et avons signé avec le greffier. (*Signatures*).

7. Ordonnance sur réquisition d'un créancier chirographaire, autorisé par le juge de paix.

Lequel a exposé qu'il est créancier du sieur ..., cultivateur, décédé le jour d'hier, en sa demeure, sise à..., de la somme de mille quatre cent cinquante francs, montant d'un billet que le défunt a souscrit à son profit, le .., stipulé payable le... prochain, dûment enregistré le....

Que, pour sûreté de cette créance, il a le plus grand intérêt à faire apposer les scellés sur les meubles et effets de son débiteur ; qu'en conséquence, il requiert, pour la conservation de ses droits et de tous autres qu'il appartiendra, qu'il nous plaise lui permettre de faire procéder à ladite apposition des scellés, et a signé. (*Signature*).

Nous, juge de paix,

Vu la réquisition ci-dessus, le billet susénoncé et les art. 820 C. civ., et 909 du C. de proc. ;

Attendu que le comparant, en sa qualité de créancier, a intérêt à faire mettre sous les scellés les meubles et effets appartenant à son débiteur décédé, lui permettons de faire procéder à ladite apposition de scellés, et disons qu'il y sera par nous, tout présentement procédé, et avons signé avec le greffier. (*Signatures*).

8. Ordonnance sur réquisition d'une femme pour cause de séparation de biens ou de corps, autorisée par le président du tribunal de première instance.

Laquelle a exposé qu'aux termes de son contrat de mariage reçu par M^e^... et son collègue, notaires à .., en date du.. , enregistré à..., le..., ses père et mère lui ont constitué en dot une somme de..., que, par suite des mauvaises affaires de son mari (ou de son inconduite) sa dot est en péril, ce qui l'a mise dans la nécessité de demander sa séparation de biens (ou de corps); que par ordonnance de M. le président de première instance de l'arrondissement de..., en date du..., enregistrée à..., le..., elle a été autorisée à faire faire tous actes conservatoires, notamment à faire apposer les scellés au domicile de son mari, et dans les lieux en dépendant ;

Qu'en conséquence, elle requiert, qu'il nous plaise de procéder de suite à ladite opération, et a signé, avec M^e^.. , son avoué. (*Signatures*).

Nous, juge de paix.

Vu la réquisition ci-dessus et l'ordonnance y énoncée ; disons que les scellés seront par nous apposés cejourd'hui, heure de... en la demeure dudit sieur..., sise à..., et avons signé avec le greffier. (*Signatures*).

9. Ordonnance sur réquisition d'un subrogé-tuteur sur le refus du tuteur légal de faire faire inventaire.

Agissant au nom et comme subrogé-tuteur de ..., et de..., enfants mineurs, issus du mariage de..., décédé, et de dame ..., sa veuve, vigneronne, demeurant à..., nommé à cette qualité qu'il a accepté suivant délibération du conseil de famille desdits mineurs, reçue et présidée par nous, aux termes d'un procès-verbal en date du...., enregistré :

Lequel a dit, que malgré ses instances réitérées, la veuve ..., tutrice légale, s'est refusée jusqu'à ce jour à faire faire inventaire sous divers prétextes ; que cette conduite donne de justes soupçons au comparant ; que responsable, en sa qualité de subrogé-tuteur, envers les mineurs du défaut d'inventaire, et pour la conservation de leurs droits et intérêts, et de tous autres qu'il appartiendra, il requiert qu'il nous plaise ordonner que les scellés seront apposés sans délai en la demeure de la veuve ..., sur les meubles, effets, titres, papiers et renseignements, dépendant tant de la communauté desdits époux .... que de la succession dudit défunt, et a signé. (*Signature*).

Nous, juge de paix,

Vu la réquisition ci-dessus et les art. 420, 451 et 1442 du C. civ.;

Considérant que ledit comparant, en sa qualité de subrogé-tuteur, a droit de requérir l'apposition des scellés dans la circonstance ; qu'en effet, s'il négligeait d'obliger la tutrice ..., à faire inventaire, il serait solidairement tenu avec elle de toutes les condamnations qui pourraient être prononcées au profit des mineurs ;

Disons qu'il sera par nous procédé à l'opération requise demain. ., heures du matin, en présence du requérant, et avons signé avec ledit requérant et le greffier.

(*Signatures*).

10. Ordonnance sur réquisition d'un employé principal de la régie des impôts indirects, sur les effets et papier d'un comptable.

Lequel a exposé, etc. (comme au n° 5 ci-dessus, ou *infrà* § 2, n° 1). (Néanmoins, les registres de recettes et autres de l'année courante, ne seront pas mis sous les scellés. Le juge de paix devra seulement les parapher, arrêter et les remettre à l'intérimaire, et faire mention du tout sur le procès-verbal).

11. Ordonnance sur réquisition d'un héritier pendant le cours d'un inventaire.

Lequel a dit que... (les motifs de l'apposition des scellés); qu'en conséquence, il requiert qu'il nous plaise nous transporter au domicile susénoncé désigné à l'effet d'apposer les scellés, et a signé. (*Signature*).

Nous, juge de paix,

Vu la réquisition ci-dessus et l'art. 923 du C. de proc.civ.

Attendu que le comparant a qualité pour requérir l'apposition des scellés dans la circonstance ;

Attendu que l'inventaire est attaqué, et que l'opération requise est ordonnée par le président du tribunal de première instance de...,

(Ou) Attendu qu'il est procédé à l'inventaire au domicile du défunt à la requête de... ; que cet acte n'est pas achevé;

Disons qu'il sera par nous procédé de suite à l'apposition des scellés au domicile et après le décès dudit feu sieur..., sis à..., rue..., n°... ;

(Ou) Disons qu'il sera par nous procédé de suite à l'apposition des scellés sur les meubles, effets, titres, papiers et renseignements, non compris dans l'inventaire commencé par Me ..., notaire à..., aux risques et périls de qui il appartiendra, et avons signé avec le greffier.

(*Signatures*).

12. Ordonnance sur réquisition d'un syndic après faillite.

L'an..., le..., heures,

Par-devant nous, Adolphe ..., juge de paix du canton de..., départ. de...,

Est comparu, dans notre cabinet, à...,

M. ...., agréé près le tribunal de commerce de l'arrondissement de...., syndic de la faillite de ...., marchand de nouveautés, demeurant à...., rue...., n°..., nommé à cette qualité par jugement du tribunal de commerce dudit lieu, en date du..., enregistré, à nous exhibé et de suite rendu ;

Lequel a dit que, par le jugement susénoncé, ledit sieur ..., a été déclaré en faillite, et qu'il a été ordonné que les scellés seraient apposés sur les meubles, effets, titres et papiers, magasins, etc., du failli ; qu'en conséquence, il nous requiert de les apposer à l'instant même, pour la conservation des droits des créanciers à l'exception néanmoins : 1° des livres dudit failli et des effets de portefeuille à courte échéance ou susceptibles d'acceptation, si aucuns se trouvent, qui devront être remis au comparant, conformément à l'art. 471 du C. de comm.; — 2° des vêtements et effets nécessaires au failli et des objets nécessaires à l'exploitation de son fonds de commerce, que M..., juge-commissaire de ladite faillite, l'a autorisé à ne pas mettre sous les scellés, desquels objets il sera fait inventaire avec prisée, conformément à l'art. 469 du même Code et a signé. (*Signature*).

Nous, juge de paix,

Vu la réquisition ci-dessus, le jugement susénoncé et les art. 469 et 471 du C. de comm.., et faisant droit à ladite réquisition ;

Nous sommes de suite transporté, assisté du greffier et accompagné du requérant au domicile susdésigné du failli, où étant, nous avons trouvé, etc,

13. Ordonnance sur réquisition d'un créancier après la disparition de son débiteur.

L'an, etc.,

Par-devant nous, etc., assisté, etc.,

Est comparu dans notre cabinet, ...:

M. ..., négociant, demeurant à..., où il déclare faire élection de domicile ;

Lequel a exposé que le sieur ..., marchand épicier, demeurant à..., rue..., n°..., vient de disparaître ; qu'il est son créancier d'une somme de mille cinq cents francs pour marchandises qu'il lui a vendues et livrées, ainsi qu'il en justifie par ses livres ; qu'il a intérêt pour la conservation de ses droits, de faire apposer les scellés sur tous les meubles, effets, marchandises, titres et papiers existant en son domicile ; qu'en conséquence, il nous requiert d'y procéder dans le plus bref délai, vu l'urgence, et a signé. (*Signature*).

Nous, juge de paix,

Vu la réquisition ci-dessus et l'art. 437 du C. de comm. ;

Attendu que le sieur... (le débiteur) a quitté son domicile sans en donner avis, et a suspendu ses paiements ; qu'il est urgent dès lors d'apposer les scellés pour la conservation du gage du requérant et de tous autres qu'il appartiendra,

Ordonnons qu'il sera par nous, à l'instant même, procédé à l'apposition requise desdits scellés, et avons signé avec le greffier. (*Signatures*).

2. — Ordonnances diverses d'apposition de scellés d'office.

1. Après le décès, la disparition d'un dépositaire public.

L'an..., le..., heures.

Nous, Adolphe ..., juge de paix du canton de..., département de...., assisté de M. ...., greffier de cette justice de paix, sur l'avis à nous donné à l'instant que M° ...., notaire à..., (ou autre dépositaire public), est décédé, la nuit dernière, en son domicile, à...,

Vu l'art. 911, § 3, C. proc. civ., et l'art. 61 de la loi du 25 vent. an XI ;

Attendu, en droit, qu'il nous est prescrit de veiller à la

conservation des pièces et actes qui constituent le dépôt d un officier public ;

Ordonnons que les scellés seront de suite apposés sur les minutes, registres, répertoires et tous autres objets dépendant du dépôt public dont ledit feu sieur ..., était chargé. En conséquence, nous nous sommes transporté, assisté du greffier, en l'étude dudit Me ..., sise à..., rue..., n°..., où étant, etc.

2. Après le décès d'un officier général ou supérieur, d'un intendant militaire, d'un chirurgien en chef des armées, retiré ou en activité.

L'an..., le..., heures,

Nous Adolphe ..., juge de piax du canton de..., département de..., assisté, etc.

Informé par M... que M... officier général, était décédé cejourd'hui..., heures du matin, en son domicile à..., rue..., n°... ;

Vu l'art. 911, § 3, C. proc. civ., et l'art. 1er de l'arrêté du 13 niv. an X ;

Ordonnons que les scellés seront de suite apposés sur les papiers, cartes, plans et autres objets appartenant à l'Etat ou l'intéressant et pouvant y faire retour, en présence de M. le maire de la commune de .., ou d'un délégué de ce magistrat qui sera invité à se rendre avec nous au domicile dudit défunt, suivant qu'il est prescrit par l'arrêté susvisé du 13 niv. an X :

En conséquence nous nous sommes transporté, assisté du greffier et accompagné de M..., maire de la commune de..., au domicile susdésigné dudit défunt, où étant, etc.

3. Sur l'avis ou la déclaration d'un officier public, pour cause d'héritiers mineurs ou d'absents.

L'an..., le..., ... heures de relevée,

Nous, Adophe ..., juge de paix du canton de..., département de..., assisté, etc.;

Sur l'avis qui nous a été donné par M. le procureur de la république de l'arrondissement de... (ou par M. le maire de la commune de...), suivant sa lettre du... ci-annexée que le sieur ..., vigneron, était décédé en son domicile, à..., le..., heures, laissant pour héritiers les mineurs ...., et ..., ses neveu et nièce dépourvus de tuteur, et sieur ..., marchand confiseur demeurant à... non présent sur les lieux;

Vu l'art. 911, C. proc.;

Disons que les scellés seront tout présentement apposés d'office sur les meubles, effets, titres papiers et renseignements dépendant de la succession dudit feu sieur ....; en conséquence, nous nous sommes de suite transporté, assisté du greffier, au domicile susdésigné dudit défunt, où étant, etc.

4. Après faillite.

L'an..., etc.

Nous, etc.

En exécution d'un jugement rendu par le tribunal de commerce de l'arrondissement de..., en date du.., enregistré dont un extrait nous a été envoyé d'office par le greffier dudit tribunal, lequel jugement déclare en état de faillite le sieur ..., marchand de vin, demeurant à..., rue..., n°...

(Ou) Informé par la notoriété publique de la disparition du sieur ..., marchand de vin, demeurant à..., rue..., n°...,

Vu les art. 457 et 458, C. comm.;

Ordonnons que les scellés seront tout présentement apposés sur les magasins, comptoirs, caisses, portefeuilles, livres, papiers, meubles et effets dudit failli (ou du sieur ....), et avons signé avec le greffier. (*Signatures*).

§ 3. — Incidents divers qui peuvent surgir dans le cours d'une apposition de scellés.

1. *Dires des parties.*

Et à l'instant s'est présenté le sieur ..., neveu du défunt ;

Lequel nous a dit que le sieur.., qui avait requis l'apposition des scellés, n'étant pas créancier sérieux du défunt il s'opposait formellement à l'apposition des scellés, et requérait qu'il en fût référé devant qui de droit, et a signé sous toutes réserves. (*Signature*).

Le sieur... a répondu qu'il était porteur d'un billet écrit et signé par le défunt, et que rien ne pouvait s'opposer à l'exercice d'un droit qu'il tenait de la loi ; que loin de se refuser à un référé, il le requérait : mais qu'il demandait qu'il fût établi garnison intérieure et extérieure, pour empêcher le divertissement des effets de la succession pour le cas où M. le juge de paix ne jugerait pas devoir statuer par provision, sauf à en référer ensuite à M. le président du tribunal de première instance, et a signé. (*Signature*).

2. *Ordonnances du juge de paix.*

1. Ordonnance statuant par provision sur opposition à l'apposition des scellés.

Nous, juge de paix, parties entendues ;

Vu l'art. 921, C. proc. civ.;

Attendu que les obstacles qui se présentent lors des opérations de scellés peuvent être jugés par le juge de paix, s'il y a péril dans le retard ;

Attendu que le sieur... prétend droit dans la succession, ou dans la communanté, comme héritier, pour moitié, du défunt.

(Ou) Attendu que l'héritier à réserve, peut requérir l'apposition des scellés, nonobstant tout testament, donation ou dispositions quelconques, et sans qu'on puisse lui opposer aucun obstacle pour la conservation de sa propre chose.

(Ou) Attendu que l'héritier mineur émancipé, peut requérir l'apposition des scellés, comme acte conservatoire, sans l'assistance de son curateur.

(Ou) Attendu que le parent de l'héritier, mineur non émancipé, peut, en l'absence de son tuteur, requérir l'apposition des scellés.

(Ou) Attendu que l'enfant naturel reconnu peut requérir l'apposition des scellés, parce qu'il a un droit dans la succession, soit comme héritier, soit comme créancier.

(Ou) Attendu que le légataire peut requérir l'apposition des scellés, parce qu'il a un droit dans la succession en justifiant du testament.

(Ou) Attendu que l'exécuteur testamentaire peut requérir l'apposition des scellés, lors même que les héritiers mineurs interdits ou absents, sont pourvus de tuteurs, que c'est une obligation pour lui lorsqu'ils en sont dépourvus.

Nota. — On ajoute, après chacun des attendus ci-dessus, ce qui suit : ou tout autre motif.

Attendu qu'il y a lieu de craindre le détournement des valeurs mobilières, même avec des gardiens provisoires,

Disons qu'il en sera par nous référé à M. le président du tribunal de première instance de..., demain, heure, dans son cabinet, au palais de justice, et cependant, dès à présent et par provision, disons qu'il sera procédé et passé outre à l'apposition des scellés dont il s'agit, et avons signé avec le greffier. (*Signatures*).

2. Ordonnance introductive de référé sur opposition à l'apposition des scellés, et établissement de gardiens provisoires.

Nous, juge de paix, parties entendues, leur avons donné acte de leurs dires et réquisitions ci-dessus ; et attendu l'opposition faite par le sieur..., disons, qu'à l'instant même, nous allons nous transporter devant M. le président du tribunal de première instance de l'arrondissement de..., en son cabinet au palais de justice, pour être par lui statué sur l'obstacle survenu à l'apposition des scellés ;

Et, attendu que la maison où nous sommes a plusieurs issues, et qu'il serait facile de soustraire des meubles et effets pendant notre absence, nous avons établi à chacune des portes d'entrée de ladite maison un gardien, savoir : à la porte sur..., le sieur..., tailleur d'habits, demeurant dans ladite maison, et à la porte sur..., le sieur... vannier, demeurant à..., à côté de ladite porte ; lesquels ont accepté cette garde, et ont signé avec les parties, nous et le greffier.

(*Signatures*).

3. *Perquisition de testament sur réquisition.*

Le sieur... nous a requis de faire dans les papiers du défunt, avant de procéder à l'apposition des scellés, la recherche d'un testament dont l'existence lui a été assurée par ledit défunt, quelques mois avant sa mort, et a signé.

(*Signature*).

Le sieur ...., ou la Dame ..., veuve du défunt, a dit que loin de s'opposer à la perquisition requise d'un testament, il la requérait, et a signé. (*Signature*).

Nous, juge de paix.

Vu les réquisitions et consentement ci-dessus des parties et l'art. 917, C. proc. civ.;

Considérant que les parties ont qualité pour requérir la recherche du testament annoncé,

Nous avons fait perquisition dans tous les meubles, secrétaires, bureaux et armoires qui nous ont été indiqués par les parties, comme devant contenir ledit testament, et nous avons effectivement trouvé dans le tiroir de gauche d'un secrétaire placé dans le cabinet de travail du défunt, ayant vue au midi, un paquet cacheté de cire rouge, portant l'empreinte de..., et, pour suscription, ces mots : *Ceci est mon testament.* Signé ... (avec ou sans paraphe). Nous avons paraphé l'enveloppe dudit paquet, et l'avons fait parapher par les parties.

(Ou) Une feuille de papier du timbre de..., ou une feuille de papier ordinaire, non timbré sur laquelle est rédigé le testament du défunt, signé ..., commençant par ces mots..., et finissant par ceux-ci... Ledit testament contenant trente-cinq lignes, douze demi-lignes ; les mots... surchargés, etc. ;

Et attendu que tout testament olographe ou mystique, ouvert ou cacheté, ou papiers cachetés, trouvés lors de l'apposition des scellés, doivent être présentés par le juge de paix au président du tribunal de l'arrondissement des lieux où sont apposés les scellés, sans pouvoir s'en dessaisir sur ajournement donné aux intéressés, comme suite de son opération. ordonnons que ledit paquet (ou le testament constaté dans notre procès-verbal de scellés de ce jour) sera par nous présenté à M. le président du tribunal de première instance de.., le..., heure de..., dans son cabinet, au palais de justice, auxquels jour, lieu et heure, les parties sont intimées de se trouver, si bon leur semble, et ont lesdites parties signé avec nous et le greffier, après lecture faite. (*Signatures*).

§ 4. — Procès-verbal d'apposition de scellés, après décès, sans incidents.

Et le..., heures du matin,

En exécution de notre ordonnance qui précède, en date de ce jour,

Nous sommes transporté, accompagné du sieur..., requérant, en une maison, sise à..., où étant arrivés et entrés dans (désigner la pièce, l'étage, sa vue), nous avons trouvé le corps dudit défunt, gisant sur un lit, recouvert d'un drap.

Conduit dans une chambre à coucher à côté de celle d'où nous sortons, éclairée sur une cour par deux croisées, au midi nous y avons trouvé (énoncer les personnes présentes), auxquelles nous avons fait part du sujet de notre transport, et que nous avons invitées, en conséquence, à nous indiquer tous les lieux dépendant de l'habitation du défunt (ou composant l'appartement occupé par le défunt), lesquels ont déclaré ne point s'opposer à l'apposition de nos scellés, et ont signé. (*Signatures*).

En conséquence, nous avons de suite procédé à l'apposition des scellés et à la description des objets en évidence, ainsi qu'il suit :

1° APPOSITION DE SCELLÉS.

Nous avons successivement apposé dix scellés aux deux bouts de dix bandes de ruban de fil blanc, scellés en cire rouge ardente (ou molle), empreints du sceau de notre justice de paix, savoir :

Dans la chambre susdésignée du défunt :

1° Une bande de ruban couvrant l'entrée de la serrure d'une armoire en noyer, fermée avec la clef remise au greffier, pour rester entre ses mains jusqu'à la levée des scellés ;

2° Deux bandes de ruban, en haut, bas et milieu sur les deux battants d'un placard fermé avec la clef remise au greffier, pour rester entre ses mains jusqu'à la levée des scellés ;

3° Une bande de ruban couvrant l'entrée de la porte dudit cabinet, fermée de deux tours avec la clef remise au greffier, pour rester entre ses mains jusqu'à la levée des scellés ;

Dans la chambre à coucher susdésignée, à côté de celle du défunt :

4° Trois bandes en haut, bas et milieu, sur les deux battants d'une armoire en acajou, fermant à bascule, haut et bas; au milieu, une serrure fermée à double tour, avec la clef remise au greffier, pour rester en ses mains jusqu'à la levée des scellés ;

5° Une bande de ruban couvrant l'entrée de chacun des quatre tiroirs, deux grands et deux petits, d'une commode en acajou, fermant tous les quatre avec la même clef que nous avons remise au greffier, pour rester en ses mains jusqu'à la levée des scellés ;

6° Une bande placée au milieu à l'intérieur sur l'ouverture de chacune des deux croisées ;

7° Une bande placée à l'extérieur sur l'ouverture de la porte dudit cabinet, fermée de deux tours, avec la clef remise au greffier, pour rester en ses mains jusqu'à la levée des scellés

Dans un salon sis au rez-de-chaussée, ayant vue par deux croisées sur... ;

— 8°. . . . . ; — 9°. . . . , etc.

(On énonce ainsi successivement les différentes pièces et lieux dépendant de l'appartement de l'habitation du défunt, et les meubles sur lesquels les scellés ont été apposés).

2° DESCRIPTION DES MEUBLES ET EFFETS LAISSÉS EN ÉVIDENCE :

Dans la cuisine, au rez-de-chaussée, éclairée par une croisée sur la cour :

Une pelle, une pincette, un soufflet, un gril, un couperet, six casseroles dont deux grandes, trois moyennes et une petite ; six couvercles, une tourtière en cuivre rouge, etc.

Dans une pièce à côté de la précédente, aussi éclairée sur la cour et servant de salle à manger :

Une table ronde en bois d'acajou, à coulisses, avec trois allonges en bois blanc, six chaises foncées de paille, etc.

Dans une armoire de la même pièce :

Trois douzaines d'assiettes à potage, dix douzaines d'assiettes plates, deux soupières, quatre compotiers, le tout en porcelaine blanche; deux douzaines de tasses à café avec leurs soucoupes, en porcelaine dorée, etc., etc.

Dans le salon :

Etc. . . . ; etc., ... ; etc. . . .

Suit l'état du linge donné à la lessive.

(On énonce ainsi successivement les meubles décrits en évidence.)

Lesquels lieux et effets ci-dessus désignés sont tous ceux à nous indiqués par les comparants, lesquels ont prêté serment individuellement devant nous qu'ils n'ont rien détourné, vu ni su qu'il ait été rien détourné directement ni indirectement des meubles, effets titres, papiers et renseignements dépendant de la succession dudit défunt ;

Et ledit sieur... s'est desdits scellés et de tout ce que dessus volontairement chargé a promis de représenter le tout quand et à qui il appartiendra, et a signé. (*Signature*).

L'argent comptant trouvé dans le cours de l'apposition des scellés monte à la somme de .., laquelle a été placée dans un secrétaire sous les scellés à l'exception de celle de..., laissée à..., qui s'en est chargé pour fournir aux dépenses courantes de la maison, et sans que cela puisse lui attribuer d'autre qualité que celle qu'il (ou qu'elle) jugera à propos de prendre par la suite et a signé. (*Signature*).

Ce fait, le sieur... a requis qu'il lui fût délivré expédition ou extrait du procès-verbal.

Il a été vaqué à tout ce que dessus, depuis dix heures du matin jusqu'à quatre heures du soir, non compris le transport.

Fait et dressé le présent procès-verbal à..., les jour mois et an que dessus, et ont les parties signé avec nous et le greffier, après lecture faite. (*Signatures*).

§ 5. — Procès-verbal d'apposition de scellés après décès, avec incidents divers. — Opposition. — Décision provisoire. — Référés. — Garnison extérieure — Perquisition de testament. — Remise de papiers cachetés, ou testament ouvert ou cacheté, au président du tribunal de première instance.

Et le.. , heures du matin.

En exécution de notre ordonnance qui précède, en date de ce jour ;

Nous, juge de paix susdit, assisté du greffier,

Nous sommes transporté, accompagné du sieur..., requérant en la demeure susdésignée du défunt (ou du sieur, si ce n'est pas après décès), où étant arrivé et entré (désigner la pièce, l'étage, sa vue), nous avons trouvé le corps dudit défunt gisant sur un lit recouvert d'un drap.

Conduit dans une chambre à côté de celle d'où nous sortons, éclairée sur une cour par deux croisées au midi, nous y avons trouvé (désigner les personnes présentes), auxquelles nous avons fait part du sujet de notre transport (ou donné lecture des requête et ordonnance susénoncées), et que nous avons invitées, en conséquence, à nous indiquer tous les lieux dépendant de l'habitation du défunt (ou composant l'appartement occupé par le défunt).

Le sieur ..., neveu du défunt, a dit que le sieur... qui avait requis l'apposition des scellés, n'étant pas créancier sérieux de feu son oncle, il s'opposait formellement à l'apposition des scellés, et requérait qu'il en fût référé devant qui de droit, et a signé sous toutes réserves. (*Signature*).

Le sieur... a répondu qu'il était porteur d'un billet écrit et signé par le défunt, et que rien ne pouvait s'opposer à l'exercice d'un droit qu'il tenait de la loi ; que loin de s'opposer à un référé, il le requérait mais qu'il demandait qu'il fût établi garnison intérieure et extérieure, pour empêcher le divertissement des effets de la succession. pour le cas où M. le juge de paix ne jugerait pas devoir statuer par provision, sauf à en référer ensuite à M. le président du tribunal de première instance, et a signé. (*Signature*).

Nous, juge de paix, parties entendues,

Vu l'art. 921, C. proc. civ.;

Attendu que les obstacles qui se présentent, lors des opérations de scellés, peuvent être jugés par le juge de paix, s'il y a péril dans le retard ;

Attendu que le sieur... prétend droit dans la succession (ou dans la communauté), comme héritier du défunt ;

(Ou) Attendu que l'héritier à réserve peut requérir l'apposition des scellés, nonobstant tout testament, donations ou dispositions quelconques, et sans qu'on puisse lui opposer aucun obstacle pour la conservation de sa propre chose ;

(Ou) Attendu que l'héritier mineur émancipé peut requérir l'apposition des scellés, comme acte conservatoire, sans l'assistance de son curateur;

(Ou) Attendu que le parent de l'héritier mineur non émancipé peut, en l'absence de son tuteur, requérir l'apposition des scellés ;

(Ou) Attendu que l'enfant naturel reconnu peut requérir l'apposition des scellés, parce qu'il a un droit dans la succession, soit comme héritier, soit comme créancier ;

(Ou) Attendu que le légataire peut requérir l'apposition des scellés, parce qu'il a droit dans la succession en justifiant du testament ;

(Ou) Attendu que l'exécuteur testamentaire peut requérir l'apposition des scellés, lors même que les héritiers mineurs, interdits ou absents, sont pourvus de tuteur ; que c'est une obligation pour lui lorsqu'ils en sont dépourvus ;

Attendu qu'il y a lieu de craindre le détournement des valeurs mobilières même avec des gardiens provisoires ;

Disons qu'il en sera par nous référé à M. le président du tribunal de première instance de.. , demain, heure de midi, dans son cabinet, au palais de justice, et cependant, dès à présent, et par provision, disons qu'il sera procédé et passé outre à l'apposition des scellés dont il s'agit, et nous avons signé avec le greffier. (*Signatures*).

(Si le juge de paix ne passe pas outre, mettre comme *suprà*).

Et, à l'instant, nous avons procédé à l'apposition des scellés et à la description des objets restés en évidence, ainsi qu'il suit :

1° APPOSITION DE SCELLÉS.

Nous avons successivement apposé dix scellés aux deux bouts de dix bandes de rubans de fil blanc, scellés en cire rouge ardente (ou molle), empreints du sceau de notre justice de paix, savoir :

Dans la chambre susdésignée du défunt :

1° Une bande de ruban couvrant l'entrée de la serrure d'une armoire en noyer, fermée avec la clef remise au greffier pour rester en ses mains jusqu'à la levée des scellés ;

2° Deux bandes de ruban, en haut, bas et milieu, sur

les deux battants d'un placard fermé avec la clef remise au greffier pour rester en ses mains jusqu'à la levée des scellés ;

Dans un cabinet attenant à ladite chambre :

3° Une bande de ruban couvrant l'entrée de la porte dudit cabinet, fermée de deux tours avec la clef remise au greffier pour rester en ses mains jusqu'à la levée des scellés ;

Dans la chambre à coucher susdésignée, à côté de celle du défunt :

4° Trois bandes en haut, bas et milieu, sur les deux battants d'une armoire en acajou, fermant à bascule, haut et bas, au milieu d'une serrure fermée à double tour avec la clef remise au greffier pour rester en ses mains jusqu'à la levée des scellés ;

5° Une bande de ruban couvrant l'entrée de chacun des quatre tiroirs, deux grands et deux petits, d'une commode en acajou, fermant tous les quatre avec la même clef, que nous avons remise au greffier pour rester entre ses mains jusqu'à la levée des scellés.

Au moment où nous allions apposer les scellés sur un secrétaire, étant dans la chambre où nous sommes, le sieur..., ou la dame..., nous a requis de faire dans ce meuble, avant d'y apposer nos scellés, perquisition du testament dont l'existence lui a été assurée par le défunt, quelques mois avant sa mort, et a signé. (*Signature*).

Le sieur .. (ou) la dame..., veuve dudit défunt, a dit que, bien loin de s'opposer à la recherche requise d'un testament, il (ou) elle la requiert, et a signé. (*Signature*).

Nous, juge de paix,

Vu les réquisitions et consentement ci-dessus des parties et l'art. 917 du C. de proc. civ.;

Considérant que les parties ont qualité pour requérir la recherche du testament annoncé :

Nous avons fait perquisition dans tous les meubles, secrétaires, bureaux et armoires qui nous ont été indiqués par les parties, comme devant contenir ledit testament et nous avons trouvé dans le tiroir de gauche d'un secrétaire placé dans le cabinet de travail du défunt ayant vue au midi un paquet cacheté de cire rouge portant l'empreinte de..., et pour suscription, ces mots : « *Ceci est mon testament.* » Signé D... (avec ou sans paraphe). Nous avons paraphé l'enveloppe dudit paquet, et l'avons fait parapher par les parties. (Ou) Une feuille de papier ordinaire, non timbré, sur laquelle est rédigé le testament du défunt signé .., commençant par ces mots..., et finissant par ceux-ci... Ledit testament contenant trente-cinq lignes, douze demi-lignes; les mots... surchargés, etc.

Et attendu que tout testament olographe ou mystique, ouvert ou cacheté, ou papiers cachetés, trouvés lors de l'apposition des scellés doivent être présentés par le juge de paix au président du tribunal de l'arrondissement des lieux où sont apposés les scellés sans pouvoir s'en dessaisir sur ajournement donné aux intéressés comme suite de son opération,

Ordonnons que ledit paquet (ou testament constaté dans notre procès-verbal de scellés de ce jour) sera par nous, présenté à M. le président du tribunal de première instance de... le..., heure de midi, dans son cabinet, au palais de justice, auxquels jour, lieu et heure, les parties sont intimées de se trouver, si bon leur semble, et ont lesdites parties signé avec nous et le greffier, après lecture faite. (*Signatures*).

Le sieur... (ou la dame) nous a déclaré qu'il s'opposait à la continuation de l'apposition des scellés, et requérait qu'il y fût sursis jusqu'après l'ouverture, qui sera faite, par M. le président, dudit testament, et a signé. (*Signature*).

Le sieur..., requérant, a répondu que la découverte d'un testament lui était indifférente et étrangère à ses droits de créancier (ou tout autre motif s'il s'agit d'un héritier, légataire, etc.); qu'en effet, quelles que fussent les dispositions du testament, les créanciers de la succession (ou de la communauté) ne pouvaient voir diminuer leur gage ou leurs créances ; qu'en conséquence, il n'y avait pas lieu d'accorder de sursis, et a signé. (*Signature*).

Nous, juge de paix, parties entendues,

Vu l'art. 921 du Code de procédure civile ;

Attendu que le créancier de la succession (ou de la communauté) peut requérir l'apposition des scellés, nonosbtant tout testament ou donation, lors même que sa créance n'est ni liquide, ni exigible, pour la conservation de sa propre chose ;

(Ou, suivant le cas) : Attendu que le créancier de l'héritier peut requérir l'apposition des scellés, comme exerçant les droits de son débiteur ; que l'art. 909 n'établit aucune distinction ; qu'il a intérêt d'empêcher jusqu'à l'inventaire le détournement des valeurs mobilières, surtout lorsque, comme dans l'espèce, la succession est purement mobilière pour rendre utile le droit de s'opposer au partage ; qu'il n'est pas nécessaire que son titre soit exigible (ou tout autre motif, suivant le cas) ;

Attendu que les obstacles qui se présentent, lors des opérations de scellés, peuvent être jugés par le juge de paix s'il y a péril dans le retard, sauf à en référer à M. le président du tribunal ;

Attendu qu'il y a lieu de craindre le détournement des valeurs mobilières dont se compose la succession, même avec des gardiens provisoires ;

Disons qu'il en sera par nous référé à M. le président du tribunal de première instance de... demain, heure de midi, dans son cabinet, au palais de justice ; et cependant, dès à présent, et par provision, disons qu'il sera procédé et passé outre à continuation de notre opération, et avons signé avec le greffier. (*Signatures*).

Continuant notre opération.

6° Une bande de ruban couvrant l'entrée de la serrure du secrétaire dont il vient d'être parlé, fermant de deux tours avec la clef remise au greffier pour rester entre ses mains jusqu'à la levée des scellés.

(On énonce ainsi successivement les différentes pièces et les meubles sur lesquels les scellés sont apposés).

2° DESCRIPTION DES MEUBLES ET EFFETS LAISSÉS EN ÉVIDENCE.

Dans la cuisine, au rez-de-chaussée, éclairée par une croisée sur la cour, au nord :

Une pelle, une pincette, un soufflet, un gril, un couperet, six casseroles, dont deux grandes, trois moyennes et une petite, six couvercles, une tourtière en cuivre rouge, etc.

Dans une pièce à côté de la précédente, aussi éclairée sur la cour et servant de salle à manger :

Une table ronde en bois d'acajou, à coulisses, avec trois allonges en bois blanc, six chaises foncées de paille, etc.

Dans une armoire de la même pièce:

Trois douzaines d'assiettes à potage, dix douzaines d'assiettes plates, deux soupières, quatre compotiers, le tout en porcelaine, deux douzaines de tasses à café, avec leurs soucoupes en porcelaine dorée, etc., etc.

Dans le salon au rez-de-chaussée, ayant vue sur le jardin :

Etc.... etc..., etc.

(Suit l'état du linge donné à la lessive) :

Dix paires de draps, deux douzaines de serviettes à liteaux, etc., etc.

L'argent comptant, trouvé dans le cours de l'apposition des scellés monte à la somme de..., laquelle a été placée dans un sac dans le secrétaire de la chambre à coucher du défunt, sous les scellés à l'exception de celle de... laissée à..., qui s'en est chargé pour fournir aux dépenses courantes de la maison et sans que cela puisse lui attribuer d'autre que celle qu'il (ou) qu'elle jugera à propos de prendre par la suite, et a signé.

(*Signature* .

(On énonce ainsi successivement les meubles et effets laissés en évidence).

Lesquels lieux et effets ci-dessus désignés sont tous ceux à nous indiqués par les comparants, lesquels ont prêté serment individuellement devant nous, qu'ils n'ont rien détourné, vu ni su qu'il ait été rien détourné directement ou indirectement des meubles, effets, titres, papiers et renseignements dépendant de la succession dudit défunt, et ledit sieur... s'est, desdits scellés, et de tout ce que dessus, volontairement chargé, et a promis de représenter le tout quand et à qui il appartiendra, et a signé. (*Signature*).

Ce fait, le sieur... a requis qu'il lui fût délivré expédition ou extrait du procès-verbal. Il a été vaqué à tout ce que dessus depuis dix heures du matin jusqu'à quatre heures du soir, non compris le transport.

Fait et dressé le présent procès-verbal à..., les jour, mois et an que dessus, et ont les parties signé avec nous et le greffier, après lecture faite. (*Signatures*).

§ 6. — Procès-verbal d'apposition de scellés après faillite.

L'an..., le..., heures du matin;

Nous, etc.

En exécution de notre ordonnance qui précède en date de ce jour;

(Ou) En exécution d'un jugement, etc.

(Ou) Informé par la notoriété publique, etc.

Nous sommes transporté au domicile susdésigné dudit failli, où étant, nous avons trouvé (désigner les personnes présentes), auquel nous avons expliqué le sujet de notre transport, et fait donner par le greffier lecture des jugements et ordonnances susdatés, et qui a dit de ne pas s'opposer à l'exécution desdits jugements et ordonnance, et a signé :

(*Signature*).

En conséquence, nous avons procédé ainsi qu'il suit :

1° Description des papiers.

Dans une boutique au rez-de-chaussée, ouvrant sur la rue de..., éclairée par une devanture vitrée :

Nous avons trouvé les livres du failli au nombre de..., savoir :

1° Un livre journal commençant à la date du..., au folio 1er, et finissant à la date du..., au folio ... ;

2° Un livre des comptes courants, etc. ;

3° (Constater ainsi successivement et sommairement l'état de chaque livre ou registre, les effets de commerce et autres papiers) ;

Lesquels livres après avoir été par nous cotés, arrêtés, signés et paraphés, *ne varientur*, les effets de commerce, etc., ont été remis au syndic, qui le reconnaît et s'en charge.

Quant aux meubles et objets que le syndic a été autorisé à ne pas mettre sous les scellés, ils ont été par lui inventoriés, suivant le procès-verbal qu'il en a dressé en notre présence, et que nous avons signé avec ledit syndic.

(Ou, si le syndic n'est pas présent) : Lesquels livres, effets de commerce et autres papiers, nous avons réunis et fait mettre dans... (désigner le meuble), sur lequel les scellés ont été apposés.

2° APPOSITION DE SCELLÉS.

Nous avons apposé successivement quatre scellés aux deux bouts de quatre bandes de ruban blanc, scellés en cire rouge empreints du sceau de notre justice de paix.

Dans la boutique susdésignée.

1° Une bande de ruban couvrant l'entrée de la serrure d'un placard, dans lequel nous avons réuni et renfermé les livres, effets de commerce et autres papiers trouvés dans ladite boutique, fermée avec la clef, remise au greffier pour rester en ses mains jusqu'à la levée des scellés.

Dans une chambre au premier étage ayant vue sur un jardin.

2° Trois bandes de ruban en haut, bas et milieu, sur les deux battants d'une armoire en noyer fermant à bascule haut et bas, au milieu un crochet et une serrure fermée à un tour et demi, avec la clef remise au greffier pour rester en ses mains jusqu'à la levée des scellés.

(On énonce ainsi successivement les différentes pièces et les meubles sur lesquels les scellés ont été apposés).

3° DESCRIPTION DES MARCHANDISES, MEUBLES ET EFFETS LAISSÉS EN ÉVIDENCE.

Comme aux formules, § 5 ou 6 ci-dessus.

Fait et dressé le présent procès-verbal, à..., les jours, mois et an que dessus, et ont, les comparants, signé avec nous et le greffier, après lecture faite. (*Signatures*).

§ 7. — Procès-verbal de description d'effets, requise pour valoir apposition des scellés.

L'an..., le..., heures,

Nous, etc.

En exécution de notre ordonnance qui précède, en date de ce jour ;

(Ou) Informé que le sieur ...., vigneron, demeurant à...., était décédé cejourd'hui, à deux heures du matin, en sa demeure, à...., et qu'il laissait des héritiers absents ;

Vu l'art. 909 (ou 911), C. proc. civ.;

Nous sommes transporté (d'office) au domicile du défunt, où étant entré dans une chambre au deuxième étage, ayant vue sur une cour, à l'est,nous avons trouvé le corps du défunt gisant sur un lit, auprès duquel était une femme, qui nous a dit avoir été appelée près du défunt depuis sa mort.

Conduit par cette femme dans une chambre servant de cuisine, à droite de celle d'où nous sortons, éclairée sur un petit jardin, au midi, nous y avons trouvé le sieur .... propriétaire de l'appartement occupé par le défunt (ou le sieur ....), vigneron, demeurant à ...., neveu du défunt, requérant (ou la veuve), auquel nous avons fait part du sujet de notre transport, et qui nous a requis de faire procéder à la description sommaire des meubles et effets délaissés par ledit feu sieur .., attendu qu'ils sont d'une valeur trop minime pour nécessiter l'apposition des scellés (ou) attendu qu'ils sont nécessaires à son usage, et a signé.

(*Signature*).

Examen fait des meubles et effets mobiliers étant tant dans la chambre du défunt que dans... (désigner les pièces) nous avons reconnu que ces meubles et effets étaient d'une trop faible importance pour nécessiter une apposition de scellés (ou que ces meubles et effets étaient nécessaires à l'usage de...), en conséquence, nous en avons fait la description ainsi qu'il suit :

Dans la chambre à coucher du défunt, susdésignée :

Un lit composé de..., une armoire en bois de chêne, un buffet en bois de couleur, etc.

Dans un cabinet, etc.

(On énonce ainsi successivement les différentes pièces, les meubles et effets trouvés dans les lieux dépendant de l'appartement du défunt).

Lesquels meubles et effets ci-dessus décrits sont tous ceux à nous indiqués par le comparant, lequel, après serment par lui prêté devant nous, qu'il n'a rien détourné, vu ni su qu'il ait été rien détourné directement ni indirectement des meubles, effets, titres, papiers et renseignements dépendant de la succession dudit défunt, s'est de tout ce que dessus volontairement chargé et a promis de le représenter quand et à qui il appartiendra.

Il a été vaqué à tout ce que dessus, depuis..., heures du..., jusqu'à... du..., par simple vacation, non compris le transport.

Fait et dressé le présent procès-verbal de description pour valoir scellés, à..., les jour, mois et an susdits, et le sieur... a signé avec nous et le greffier, après lecture faite.

(*Signatures*).

§ 8. — Procès-verbal de carence.

L'an..., le..., heures du matin,

Nous, etc.

En exécution de notre ordonnance qui précède en date de ce jour ;

(Ou) Informé que le sieur ..., journalier... était décédé

cejourd'hui, à sept heures du matin, en son domicile à ..., laissant pour héritiers deux enfants mineurs non pourvus de tuteur, ni de subrogé-tuteur (ou des héritiers absents) ;

Vu l'art. 909 (ou 911) du C. de proc. civ.,

Nous sommes transporté (d'office) au domicile du défunt où étant entré dans une chambre, au rez de chaussée, ayant vue sur un jardin, au midi, nous avons trouvé le corps du défunt gisant sur un bois de lit garni de paille.

A l'instant est comparu devant nous le sieur ...., propriétaire de la chambre (ou de l'appartement, s'il y a plusieurs pièces), habitée par le défunt, auquel nous avons fait part du sujet de notre transport, et qui a répondu que ledit défunt ne laisse aucuns effets, papiers, argent, si ce n'est les modiques habillements et vêtements servant à sa personne d'une valeur trop minime pour nécessiter l'apposition des scellés (ou que les effets que laisse le sieur .... sont de trop peu de valeur pour nécessiter l'apposition des scellés), et a signé. (*Signature*).

Examen fait des objets étant dans ladite chambre et dans un petit cabinet à côté, qui sont les seuls lieux occupés par le défunt, nous n'avons rien trouvé que les objets qui suivent : deux chaises en bois blanc, un pantalon en drap, six mauvaises chemises, deux mauvais gilets, un bois de lit, deux mauvais draps, etc.; le tout, d'après l'estimation qu'en a faite le greffier, pouvant valoir vingt-cinq francs ; ces objets étant d'une trop faible importance pour qu'on puisse en faire l'objet d'une apposition, d'une levée de scellés et d'inventaire, nous nous sommes borné à la description ci dessus et nous les avons laissés à la garde du sieur..., lequel a affirmé devant nous qu'il n'a rien détourné, vu ni su qu'il ait été rien détourné directement ni indirectement, et a promis de les représenter et à qui il appartiendra.

Fait et dressé le présent procès-verbal de carence, à..., les jours, mois et an que dessus, et a le sieur..., gardien, signé avec nous et le greffier après lecture faite.

(*Signatures*).

§ 9. — Opposition aux scellés sur le procès-verbal par déclaration au greffe.

Et le...,

Est comparu, au greffe de la justice de paix du canton de..., le sieur ..., marchand quincaillier, demeurant à..., rue .., n°..., où il déclare faire élection de domicile.

Lequel a dit qu'il s'oppose aux reconnaissance et levée de scellés apposés après le décès du sieur D..., si ce n'est en sa présence ou lui dûment appelé; et ce pour sûreté, conservation et avoir paiement de la somme de trois cents francs,à lui due pour marchandises de son commerce, suivant facture qu'il lui a donnée.

Et a, ledit sieur D .., signé sous toutes réserves, avec nous, greffier, les jour, mois et an que dessus.

Signatures).

§ 10. — Demande en distraction de certains effets placés sous les scellés.

Et le .., heures,

Par devant nous, etc.,

Est comparu à.... dans la ferme séparée de l'habitation dudit feu sieur..., où il est présentement procédé,

Le sieur ..., fils de ..., dénommé, qualifié et domicilié, ainsi qu'il est dit au procès-verbal d'apposition des scellés des autres parts ;

Lequel nous a dit qu'il est à sa connaissance que son père était porteur d'un billet de la somme de.... environ, souscrit par le sieur ..., demeurant à..., et endossé par ..., de qui le défunt le tenait ;

Qu'il croit que ledit billet est payable demain, et doit se

trouver dans le secrétaire (ou autre meuble) étant dans la chambre à coucher dudit défunt, et sur lequel nous avons apposé nos scellés ; que pour en obtenir le paiement ou le faire protester, s'il y a lieu, il requiert notre transport dans les lieux où nous avons apposé nos scellés, pour lever le scellé mis sur le secrétaire dont il s'agit et y faire perquisition du billet, afin de le lui remettre pour en toucher le montant ou le faire protester faute de paiement, et a signé après lecture. (*Signature*).

Nous, juge de paix, vu la réquisition ci-dessus et l'art. 915 C. proc civ.;

Attendu qu'il importe de pouvoir présenter au paiment le billet dont s'agit ;

Attendu qu'il y aurait péril dans le retard ;

Ordonnons notre transport à l'instant même dans la maison où est décédé ledit sieur ..., sise à..., rue..., n°..., pour faire perquisition du billet dont il s'agit dans le secrétaire placé dans la chambre du défunt, et sur lequel nous avons apposé nos scellés, et avons signé.

(*Signature*.

Et le même jour, heures,

En exécution de notre ordonnance ci-dessus ;

Nous, juge de paix susdit, assisté du greffier, nous sommes transporté dans la maison susdésignée dudit feu sieur ...., où étant, et introduit dans la chambre à coucher dudit défunt, nous y avons trouvé le requérant et la dame..., veuve du défunt, gardienne des scellés (désigner ainsi les personnes présentes), et avons, à leur réquisition et en leur présence reconnu sain et entier le scellé apposé sur le secrétaire étant dans ladite chambre, et comme tel levé et ôté, et ensuite, à l'aide de la clef du secrétaire, restée entre les mains du greffier, nous avons ouvert ledit secrétaire, fait perquisition du billet annoncé y être renfermé, et nous avons trouvé, en effet un billet, en date à..., du..., de la somme de..., souscrit par le sieur ..., demeurant à..., à l'ordre du sieur ..., qui l'a passé audit défunt sieur ..., ledit billet causé valeur reçue comptant et stipulé payable au... présent mois, et nous avons remis présentement ce billet au sieur ..., qui le reconnaît et s'en charge pour en toucher le montant ou le faire protester s'il y a lieu, et nous avons aussitôt réapposé nos scellés sur le secrétaire, et nous nous sommes retiré après avoir signé avec ledit sieur ..., la veuve ..., etc., et le greffier, après lecture faite. (*Signatures*).

§ 11. — Opposition à la levée des scellés, par exploit.

L'an..., le..., à la requête du sieur.., etc., pour lequel domicile est élu en ma demeure, j'ai... (immatricule de l'huissier), soussigné, signifié et déclaré à M..., greffier, parlant à...;

Que ledit sieur..., est opposant, comme par ces présentes il s'oppose à ce qu'il soit procédé aux reconnaissance et levée des scellés apposés après le décès du sieur .., si ce n'est en sa présence ou lui dûment appelé; et ce pour sûreté, conservation et avoir paiement de la somme de..., due par le défunt pour... à ce que mondit sieur le greffier n'en ignore, lui déclarant que ledit sieur.., proteste dès à présent de nullité tout ce qui sera fait au préjudice de la présente opposition, et même de prendre à partie tous les officiers qui passeraient outre ; et je lui ai, etc. (*Signature de l'huissier*).

§ 12. — Mention de l'opposition par exploit à la suite du procès-verbal d'apposition des scellés.

Du..., opposition à la requête de..., qui a élu domicile en sa demeure, à. ., aux reconnaissance et levée des scellés apposés, après le décès du sieur ..., par exploit de .., huissier à .., dont la copie est ci-jointe.

Le greffier de la justice de paix. (*Signature*).

§ 13. — Sommation à un tiers d'être présent à l'ouverture d'un paquet, qui, par sa suscription, paraît lui appartenir.

L'an..., le..., à la requête du sieur..., demeurant à..., créancier sérieux et légitime du sieur..., décédé à..., et ayant fait apposer les scellés sur les meubles et effets, titres et papiers dépendant de la succession dudit défunt, pour lequel sieur. . domicile est élu chez Me..., avoué, etc., j'ai... (immatricule de l'huissier), soussigné, signifié, et avec celle des présentes donné copie au sieur. ., demeurant à..., en son domicile, en parlant à...,

D'une ordonnance de M. le président du tribunal de première instance de..., en date du .., enregistrée, étant ensuite du procès-verbal de l'apposition des scellés faite après le décès dudit sieur..., et en date..., au commencement du..., aussi enregistré ; à ce que du contenu en ladite ordonnance le susnommé n'ignore ; et à pareil requête, demeure et élection de domicile que dessus, j'ai, huissier susdit et soussigné fait sommation audit sieur..., en son domicile et parlant comme dessus, de comparaître. . (jour date), heures du matin, par devant M. le président du tribunal de..., en son cabinet à..., au palais de justice,

Pour, si bon lui semble, assister à l'ouverture qui sera faite par le président, d'un paquet, etc., ledit paquet trouvé lors de l'apposition des scellés faite après le décès dudit sieur.... pour, après lecture prise par M. le président du contenu, ce paquet être remis au sieur..., si les papiers qui y sont renfermés sont étrangers à la succession dudit sieur. .; à ce que, pareillement, le susnommé n'en ignore, lui déclarant, que faute par lui de comparaître, il sera procédé à l'ouverture dudit paquet, tant en absence que présence, et statué ce qu'il appartiendra ; et j'ai, au susnommé, en son domicile et parlant comme dessus, laissé copie certifiée de l'ordonnance susénoncée, et du présent exploit, dont le coût est de... (*Signature de l'huissier*).

SECT. IV. — FORMULES.

§ 1. — Réquisition de levée de scellés provisoire avant les trois jours de l'inhumation ou l'apposition.

Par-devant nous, Adolphe D..., juge de paix du canton de..., département de..., assisté de Me..., greffier de cette justice de paix ;

Est comparu dans notre cabinet, à...,

Le sieur..., rentier, demeurant à... (degré de parenté avec le défunt), fils de..., dénommé qualifié et domicilié ainsi qu'il est dit au procès-verbal d'apposition de scellés des autres parts, après le décès dudit défunt ;

Lequel nous a dit qu'il y a congé des lieux occupés par le défunt pour (l'époque), ou que le bail des lieux occupés par le défunt expire le... (l'époque) ; qu'ainsi il est urgent de lever les scellés pour rendre les lieux libres ;

(Ou) qu'il est urgent de rechercher sous les scellés un testament qui contiendrait des dispositions pour les funérailles, dont l'existence paraît certaine ;

(Ou) qu'il est urgent d'extraire des scellés des billets à échéance, pour en faire le recouvrement ; des deniers pour faire un paiement ; des pièces pour produire en justice ou éviter des déchéances, etc. ;

(Ou) qu'il est urgent de mettre les titres, registres et papiers que le défunt possédait comme syndic, liquidateur, etc.

(Ou) qu'il a été trouvé, lors de l'apposition des scellés, une somme ou des valeurs importantes et que le logement occupé par le défunt n'offre aucune sûreté ;

(Ou) que les scellés ont été enlevés à une fenêtre par la

force du vent, ou autre accident, ou volontairement et par délit (dans ce cas, le juge de paix pourrait rendre lui-même une ordonnance vu l'urgence).

(Ou) que la cave où sont des scellés est inondée, que le mur de..., menace ruine, ou qu'un pilier fléchit, etc. ; qu'il est dès lors urgent de procéder à la réparation de..., etc.

(Ou) qu'il est unique héritier du défunt, et que les scellés n'ont été apposés que pour cause de son absence.

Qu'en conséquence, il requiert qu'il nous plaise introduire à l'instant même un référé devant M. le président du tribunal de première instance de..., pour voir ordonner que les scellés seront levés dès à présent et provisoirement,et a signé.

(*Signature*).

Nous, juge de paix susdit,

Vu la réquisition ci-dessus et l'art. 928, C. proc. civ.;

Attendu qu'il est urgent de rechercher s'il existe un testament sous les scellés, afin d'en assurer l'exécution (ou toute autre cause).

Disons qu'il en sera par nous référé à l'instant même, parties présentes, à M. le président du tribunal de première instance de l'arrondissement de.. , dans son cabinet, au palais de justice, à. .

Fait à..., les jour, mois et an que dessus, et nous avons signé avec le greffier. (*Signatures*).

2. — Réquisition de levée de scellés, sans description, par héritiers majeurs. — Ordonnance.

L'an..., le..., heures,

Par-devant nous, etc.,

Est comparu, dans notre cabinet à...,

M.... propriétaire, demeurant à. .;

Agissant comme maître des actions mobilières et possessoire de madame..., son épouse, avec laquelle il est commun en biens, aux termes de leur contrat de mariage,passé devant Me..., notaire à..., le.. , dont il nous a représenté une expédition, que nous lui avons à l'instant même rendue ; et au besoin comme mandataire spécial, à l'effet des présentes de ladite dame,son épouse, suivant sa procuration passée devant Me..., notaire à..., le.. , enregistrée : le brevet de laquelle procuration, légalisé par le président du tribunal de première instance de l'arrondissement de...,et demeuré ci-annexé après avoir été par ledit comparant certifié véritable, et signé en notre présence.

Ladite dame, seule et unique héritière de la dame...,veuve de feu M..., sa tante maternelle, par représentation de dame..., sa mère, décédée, laquelle était sœur germaine de ladite veuve..., décédée à..., le.. , sans héritiers à réserve, ainsi que le constate un acte de notoriété passé en minute devant M°.. , notaire à.... le. ., enregistré.

Lequel nous a dit que les scellés par nous apposés d'office le .., au domicile et après le décès de ladite feue dame veuve de..., (ou : sur la déclaration, ou sur la réquisition de..., domestique de ladite défunte), avaient pour cause unique l'absence du comparant ; que cette cause ayant cessé, il requiert au nom qu'il agit la levée pure et simple desdits scellés. et a ledit requérant fait élection de domicile en la demeure de ladite défunte et a signé, après lecture faite.

(*Signature*).

Nous juge de paix, susdit,

Vu la réquisition ci-dessus, les actes y énoncés et l'art. 940, C. proc. civ.;

Attendu que la cause de l'apposition des scellés dont il s'agit a cessé · que le comparant a qualité pour en requérir la levée pure et simple, sans description ;

Attendu qu'il n'y a point d'opposant à la levée desdits scellés et que plus de trois jours francs se sont écoulés depuis leur apposition, faite le même jour de l'inhumation,

Ordonnons que les scellés par nous apposés à le .., après le décès de ladite dame veuve de.. , seront reconnus et levés purement et simplement, sans description, le..., en présence du requérant ;

Fait à..., les jour, mois et an que dessus et nous avons signé avec le greffier. (*Signatures*).

§ 3. — Réquisition de levée de scellés, sans description, par un époux commun en biens. — Héritiers majeurs.— Ordonnance.

Et le... heures,

Par-devant nous, etc.,

Sont comparus, dans notre cabinet, à...,

1° M..., propriétaire, demeurant à...,

Agissant en son nom personnel, tant à cause de la communauté de biens qui a existé entre lui et madame.., son épouse décédée, aux termes de leur contrat de mariage, passé devant Me..., notaire à .., le..., enregistré, dont il nous a représenté une expédition, que nous lui avons à l'instant rendue, que comme ayant droit, d'après le même contrat, à la totalité des bénéfices de ladite communauté, en qualité de survivant;

M... père, propriétaire, demeurant à...;

3° M... receveur des rentes, demeurant à...;

Agissant, en ces présentes, comme mandataire spécial du sieur... fils, négociant, demeurant à. ., suivant sa procuration passée devant Me..., notaire à..., le..., enregistrée ; le brevet original de laquelle procuration légalisé par M. le président du tribunal de première instance de l'arrondissement de..., est demeuré ci-annexé, après avoir été par ledit mandataire certifié véritable et signé en notre présence ;

4° Et madame..., veuve de..., rentière, demeurant à...;

Ledit sieur .., père, habile à se porter héritier pour un quart de ladite dame..., sa fille, décédée sans postérité;

Et M.. , fils, et madame veuve..., habiles à se porter héritiers de ladite dame..., leur sœur germaine, pour les trois autres quarts, ou chacun pour trois huitièmes :

Lesquels nous ont dit que les scellés par nous apposés d'office, le..., après le décès de ladite dame..., avaient pour cause unique l'absence, sans procuration, de l'un d'eux ; que ledit sieur... (l'héritier) se présente (ou) que le sieur... se présente muni de la procuration spéciale dudit sieur (l'héritier) ;

(Ou) que les créanciers opposants consentent, et au besoin requièrent la levée des scellés sans description, par suite d'arrangement avec les héritiers ;

(Ou) le défaut de représentant de l'héritier du mineur ; qu'il est aujourd'hui pourvu d'un tuteur (ou du subrogé-tuteur) ;

Que cette cause ayant dès lors cessé, et plus de trois jours francs étant écoulés depuis l'inhumation, faite après l'apposition des scellés, ils requièrent, en leurs qualités susdites, la levée desdits scellés sans description ;

(S'il y a des mineurs, on àjoute) :

En présence du sieur..., propriétaire demeurant à...,

Au nom et comme tuteur des mineurs... (les désigner), nommé à cette qualité qu'il a acceptée par délibération du conseil de famille de ces mineurs, reçue et présidée par M. le juge de paix du canton de..., suivant son procès-verbal dressé par lui, le..., enregistré; de laquelle délibération une expédition nous a été représentée et par nous à l'instant rendue;

Et ont, lesdits requérants, déclaré faire élection de domicile en la demeure du sieur .. l'un d'eux, et ont signé après lecture faite. (*Signatures*).

Nous, juge de paix,

Vu la réquisition ci-dessus et l'art. 940. C. proc. civ.;

Attendu que la cause de l'apposition des scellés dont il s'agit a cessé ; que les requérants sont majeurs, présents ou dûment représentés, et ont droit d'en requérir la levée sans description ;

Attendu qu'il n'y a point d'opposant à la levée desdits scellés ;

(Ou) que les créanciers opposants consentent à la levée et au besoin la requièrent sans description ;

(Ou) attendu que la cause de l'apposition des scellés était le défaut de représentant d'un héritier mineur ; que ce mineur est aujourd'hui pourvu d'un tuteur, et que plus de trois jours francs se sont écoulés depuis l'inhumation de la dame..., faite depuis leur apposition ;

Ordonnons que les scellés par nous apposés le..., après le décès de ladite dame..., seront reconnus et levés sans description, le mardi, vingt-six du courant (ou à l'instant même), en présence des requérants.

(S'il y a des mineurs, on ajoute) :

Et du subrogé-tuteur des mineurs...

Fait à..., les jour, mois et an que dessus, et avons signé avec le greffier. (*Signatures*).

§ 4. — Réquisition de levée de scellés, sans description, par un époux survivant, légataire à titre universel. — Héritiers majeurs. — Ordonnance.

Et, le ..., heures,

Par-devant nous, etc...,

Sont comparus, en notre cabinet, à... :

1° M..., rentier, demeurant à ..;

2° Et madame..., veuve de..., rentière, demeurant..., à..., seuls héritiers du sieur..., leur frère, décédé à..., le .... sans héritiers à réserve;

M..., pour la totalité de la moitié dévolue à la ligne paternelle, ou pour trois quarts au total en qualité de frère germain du défunt, comme étant issus l'un et l'autre du mariage de..., avec madame..., veuve en premières noces de...;

Et madame veuve..., pour moitié dans la moitié afférente à la ligne maternelle, ou un quart au total, en qualité de sœur utérine du défunt sieur..., comme étant issue du mariage de ladite dame..., avec le sieur...,

De plus, ladite dame veuve..., légataire à titre universel du quart des biens, meubles et immeubles, composant la succession du défunt sieur..., aux termes de son testament par lui fait olographe, en date, à.., du..., enregistré à..., le..., déposé pour minute à Me..., notaire à.., par M. le président du tribunal de première instance de l'arrondissement de..., aux termes de son procès-verbal d'ouverture et de description du testament, en date du..., enregistré.

Duquel legs à titre universel madame veuve..., comparante, a été envoyée en possession, aux termes d'une ordonnance du même président, rendue le.., au moyen de ce que ledit feu sieur..., son frère utérin, n'a laissé aucun héritier à réserve, ainsi que le constate un acte de notoriété passé en minute devant Me..., notaire à,.., le..., enregistré;

Lesquels nous ont dit que les scellés par nous apposés à la requête du sieur..., l'un des comparants, le..., après le décès dudit feu sieur..., avaient pour cause unique l'absence de ladite dame veuve..., sa cohéritière; que cette cause ayant cessé et plus de trois jours francs étant écoulés depuis l'apposition des scellés, ils requièrent, en leurs qualités susdites la levée pure et simple, sans description, desdits scellés, et ont lesdits requérants, déclaré faire élection de domicile à..., (lieu du domicile du défunt), et ont signé après lecture faite.

(*Signatures*).

Nous, juge de paix,

Vu la réquisition ci-dessus, les actes y énoncés et l'art. 940 C. proc. civ.;

Attendu que la cause de l'apposition des scellés dont il s'agit a cessé ; que les deux requérants sont majeurs, et ont droit d'en requérir la levée pure et simple, sans description ;

Attendu qu'il n'y a point d'opposant à la levée desdits scellés, et que plus de trois jours francs se sont écoulés depuis leur apposition faite le jour même de l'inhumation.

Ordonnons que les scellés par nous apposés le. ., après le décès dudit sieur..., seront reconnus et levés purement et simplement, sans description, cejourd'hui, à deux heures de relevée.

Fait à..., les jour, mois et an que dessus, et nous avons signé avec le greffier. (*Signatures*).

§ 5. — Réquisition de levée des scellés après le décès d'un officier général ou supérieur, avec description par le juge de paix. — Ordonnance.

Et le. ., heures,

Par-devant nous,

Est comparu, dans notre cabinet, à. .,

M..., capitaine d'Etat-major au ministère de la guerre, demeurant à..., et faisant élection de domicile au greffe de notre justice de paix ;

Lequel nous a dit qu'aux termes d'une délégation de..., commandant la première division militaire, à Paris, en date du..., à nous représentée, il a été chargé de poursuivre, la levée des scellés par nous apposés d'office dans l'intérêt de l'Etat, en conformité de l'arrêté du Gouvernement du 13 nivôse an X, et d'une instruction ministérielle du 8 mars 1823, au domicile, et après le décès de M..., général de division, en retraite, décédé à..., le...,

Qu'en exécution de cette délégation, il requiert qu'il nous plaise ordonner la reconnaissance et levée desdits scellés, et faire en sa présence la description sommaire de tous les objets pouvant intéresser l'Etat et y faire retour, et a signé après lecture faite. (*Signature*).

Nous, juge de paix,

Vu la réquisition ci-dessus, la délégation y énoncée, laquelle est demeurée annexée au présent, et les arrêts du Gouvernement et instruction ministérielle susdatés.

Ordonnons que les scellés par nous apposés dans le cabinet du défunt sur les plans, cartes, mémoires et autres objets pouvant appartenir à l'Etat ou l'intéresser, seront par nous reconnus et levés avec description sur le présent procès-verbal, le..., heure de midi, en présence du requérant et des intéressés dans la succession du défunt que ledit requérant est chargé d'y appeler, conformément à la loi.

Fait à..., les jour, mois et an susdits, et nous avons signé avec le greffier. (*Signatures*).

§ 6. — Réquisition de levée de scellés après le décès d'un militaire présent au corps, avec description par le juge de paix. — Ordonnance.

Et le..., heure..., etc.,

Par-devant nous, etc.,

Est comparu, dans notre cabinet, à..., M..., capitaine au... régiment de..., demeurant à..., où il élit domicile;

Lequel nous a dit que, suivant délibération du conseil d'administration de son régiment, en date du..., il était chargé de poursuivre la levée des scellés par nous apposés le.., sur les meubles et effets délaissés par M..., officier audit régiment, décédé le...; qu'en exécution de cette délibération, il requiert qu'il nous plaise ordonner la reconnaissance et levée desdits scellés, et de faire en sa présence la description sommaire de tous les objets qui s'y trouveront, dont il fera faire la vente dans les formes de droit, ainsi qu'il en est chargé, et a signé, lecture faite. (*Signature*).

Nous, juge de paix,

Vu la réquisition ci-dessus, la délibération y énoncée, laquelle est demeurée annexée au présent, et l'art. 123, tit. 3, de l'instruction du ministre de la guerre, en date du 15 nov. 1809;

Attendu que le comparant a qualité pour requérir la levée des scellés avec description.

Ordonnons que lesdits scellés seront par nous reconnus et levés le.... heures du matin, en présence du requérant et des parties intéressés qu'il est chargé d'y appeler.

Fait à..., les jour, mois et an que dessus, et nous avons signé avec le greffier. (*Signatures*).

§ 7. Réquisition de levée de scellés avec inventaire par un légataire universel chargé de restitution en faveur de ses enfants nés et à naître. — Ordonnance.

Et le..., heures,

Par-devant nous,

Est comparu, dans notre cabinet, à..., M..., propriétaire, demeurant à...;

Au nom et comme légataire universel, en toute propriété, des biens meubles et immeubles composant la succession de M..., son frère, décédé à..., le. .; mais à la charge de restitution, pour la totalité de ce qui fait l'objet de ce legs, au profit de ces enfants nés et à naître, aux termes du testament du feu sieur de..., par lui fait olographe, en date, à..., du..., enregistré à..., le..., et déposé pour minute à Me..., notaire à...; par ordonnance de M. le président du tribunal de première instance de l'arrondissement de..., contenue en son procès-verbal d'ouverture et de constatation dudit testament, en date du..., enregistré;

Duquel legs universels, M..., comparant, a été envoyé en possession, aux termes d'une autre ordonnance du même président, rendue le..., au moyen de ce que ledit feu sieur de .., son frère, n'a laissé aucun héritier à réserve, ainsi que le constate un acte de notoriété, passé en minute devant ledit Me..., notaire à..., le..., enregistré ;

Lequel a dit que, suivant procès-verbal en date du..., enregistré, les scellés ont été par nous apposés à sa requête (ou d'office, ou à la requête de...), après le décès dudit feu sieur..; que désirant faire procéder aux reconnaissances et levée desdits scellés, au fur et à mesure de l'inventaire des meubles, effets, titres et papiers dépendant do la succession dudit défunt, aiusi qu'au prisée et estimation des objets qui en seront susceptibles (on peut désigner les officiers publics qui devront y procéder), il nous requiert d'ordonner la levée desdits scellés aux jour et heure qu'il nous plaira fixer, et a signé, lecture faite. (*Signature*).

Nous, juge de paix,

Vu la réquisition ci-dessus, les actes y énoncés, et les art. 930, 931 et 937, C. proc. civ.;

Attendu que le comparant, en sa qualité de légataire universel, a droit de requérir la levée de scellés et l'inventaire dont il s'agit; que plus de trois jours francs se sont écoulés depuis l'inhumation faite après leur apposition ;

Attendu qu'il n'y a point d'opposant à la levée desdits scellés ;

Ordonnons que le..., présent mois, dix heures du matin, les scellés par nous apposés le..., dans la maison où est décédé le même jour ledit sieur..., par nous reconnus et levés successivement au fur et à mesure de l'inventaire qui en sera fait par les officiers publics choisis par les parties (ou nommés d'office), en présence des héritiers (tuteur et subrogé-tuteur, suivant le cas), conformément à la loi.

Fait à..., les jours, mois et an que dessus, et nous avons signé avec le greffier. (*Signatures*).

8. Réquisition de levée de scellés, avec inventaire, par une veuve tutrice légale et légataire.

Et le..., ... heures,

Par-devant nous..., etc., assisté de .., etc.,

Est comparue, dans notre cabinet, à.., madame..., veuve de.. , avec lequel elle était séparée, quant aux biens, aux termes de leur contrat de mariage, passé devant Me..., notaire à..., le..., enregistré (ou: suivant jugement rendu au tribunal de première instance de l'arrondissement de.. , le. , dûment enregistré, signifié et exécuté), madame veuve..., demeurant à..., où elle fait élection de domicile ;

Et agissant en son nom personnel, tant à cause de ses reprises et créances qu'elle peut avoir à exercer contre la succession de son mari, que comme légataire, à titre universel, du feu sieur..., de la moitié, en usufruit, de tous ses biens, meubles et immeubles, aux termes de son testament passé devant Me.. , notaire à..., en présence de quatre témoins, le... enregistré ;

Et encore, au nom et comme tutrice légale de. ., âgé de seize ans, et de..,, âgé de quinze ans, ses deux enfants mineurs, issus de son mariage avec le feu sieur...;

Madame veuve..., assisté de Me..., avoué près le tribunal de première instance de l'arrondissement de . , y demeurant, rue..., n°. .;

Laquelle a dit, que suivant procès-verbal en date du..., enregistré..., les scellés ont été par nous apposés à sa requête (ou d'office, ou à la requête du...), après le décès dudit feu sieur..., son mari ;

Que, désirant faire procéder aux reconnaissance et levée desdits scellés, au fur et à mesure de l'inventaire des meubles, effets, titres et papiers dépendant de la succession dudit défunt, ainsi qu'au prisée et estimation des objets qui en seront susceptibles (on peut désigner les officiers publics qui devront y procéder), elle nous requiert d'ordonner la levée desdits scellés, aux jour et heure qu'il nous plaira fixer, et a signé, lecture faite. (*Signature*).

Nous, juge de paix,

Vu la réquisition ci-dessus, les actes y énoncés, et les art. 930, 931, 937, C. proc. civ ;

Attendu que la comparante, en sa qualité de légataire et de tutrice légale de ses enfants a droit de requérir la levée des scellés et l'inventaire dont il s'agit ; que plus de trois jours francs se sont écoulés depuis l'inhumation faite après leur apposition ;

Attendu qu'il n'y a point d'opposant à la levée desdits scellés ;

Ordonnons que le.., heures du matin, les scellés par nous apposés le... dans la maison où est décédé le même jour ledit sieur .., seront par nous reconnus et levés successivement, au fur et à mesure de l'inventaire qui en sera fait par les officiers publics choisis par les parties (ou nommés d'office), en présence des héritiers (tuteur et subrogé tuteur, suivant le cas), conformément à la loi.

Fait à..., les jour, mois et an que dessus, et nous avons signé avec le greffier. (*Signatures*).

§ 9. — Réquisition de levée de scellés avec inventaire, par un créancier.

Et le..., heures,

Par-devant nous, etc.,

Est comparu, dans notre cabinet, à...,

Le sieur..., négociant, demeurant à.. , élisant domicile en la demeure de Me . , avoué, sise à.. ,

Agissant comme créancier sérieux et légitime de M..., décédé le..., en sa demeure, à...,

En cette qualité ayant fait apposer les scellés, après le décès dudit...

Lequel a dit que, depuis le jour où les scellés ont été apposés à sa requête, après le décès de son débiteur, ses héritiers n'ont fait aucune diligence pour les faire lever ; qu'il est de l'intérêt de l'exposant, et même des ayants droit dans la succession dudit défunt, de faire procéder aux reconnaissance et levée desdits scellés, et à l'inventaire de tous les meubles, effets, titres, papiers et renseignements dépendant de la succession dudit feu sieur.. , et aux prisée et estimation de ceux des objets qui en seront susceptibles ; qu'en conséquence il requiert qu'il nous plaise de lui délivrer une ordonnance indicative des jour et heure où il sera par nous procédé auxdites reconnaissance et levée des scellés, et a signé, lecture faite. (*Signature*).

Nous, juge de paix,

Vu la réquisition ci-dessus, notre procès-verbal d'apposition de scellés après le décès du sieur..., en date du..., enregistré, et les art. 930, 931 et 937, C. proc. civ. ;

Attendu que le comparant, en sa qualité de créancier sérieux et légitime du défunt, a droit de requérir la levée des scellés et l'inventaire dont il s'agit ;

Attendu que plus d'un mois s'est écoulé depuis leur apposition, sans que les héritiers du défunt en aient sollicité la levée,

Ordonnons que le..., ... heures du matin, les scellés par nous apposés le..., dans la maison où est décédé, le même jour, ledit sieur..., seront par nous reconnus et levés successivement, au fur et à mesure de l'inventaire qui en sera fait par les officiers publics choisis par les parties (ou nommés d'office), en présence des héritiers (tuteur et subrogé-tuteur, suivant le cas), conformément à la loi.

Fait à..., les jours, mois et an que dessus, et nous avons signé avec le greffier. (*Signatures*).

§ 10. — Réquisition de levée de scellés, avec inventaire, par le tuteur d'un interdit.

Et le..., etc.,

Par-devant nous, etc.,

Est comparu...

M..., propriétaire, demeurant à....

Agissant au nom et comme tuteur à l'interdiction de M..., propriétaire, demeurant à..., nommé en cette qualité, qu'il a acceptée, par délibération du conseil de famille dudit interdit, reçue et présidée par nous, suivant procès verbal en date du..., enregistré ;

Ladite interdiction prononcée par jugement rendu au tribunal civil de première instance de l'arrondissement de..., le..., enregistré, signifié, publié et inséré par extrait dans le journal d'affiches de..., n°.. , ainsi que le constate un exemplaire de ce journal, signé par l'imprimeur, visé par le maire de..., et enregistré à..., le..., au droit de... ;

Extrait duquel jugement a été déposé au greffe du même tribunal et à la chambre des notaires de..., suivant deux actes, en date du.., enregistrés ;

Lequel a dit que, suivant procès-verbal en date du..., enregistré, les scellés ont été par nous apposés à sa requête (ou à la requête de... ou d'office), au domicile de l'interdit ; que désirant faire procéder aux reconnaissance et levée desdits scellés au fur et à mesure de l'inventaire des meubles, effets, titres, papiers et renseignements appartenant audit interdit, ainsi qu'aux prisée et estimation des objets qui en sont susceptibles, il nous requiert d'ordonner la levée desdits scellés aux jour et heure qu'il nous plaira fixer, et a signé, lecture faite. (*Signature*).

Nous, juge de paix,

Vu la réquisition ci-dessus, les actes y énoncés et les art. 930, 931 et 937, C. proc. civ. ;

Attendu que le comparant, en sa qualité de tuteur de l'interdit, a droit de requérir la levée des scellés et l'inventaire dont il s'agit ;

Attendu qu'il n'y a point d'opposition à la levée desdits scellés,

Ordonnons que le..., ... heures du matin, les scellés par nous apposés, le..., dans la maison qu'occupait ledit interdit, seront par nous reconnus et levés successivement, au fur et à mesure de l'inventaire qui en sera fait par les officiers publics choisis par les parties (ou nommés d'office), en présence du subrogé-tuteur dudit interdit.

Fait à..., les jour, mois et an que dessus, et nous avons signé avec le greffier. (*Signatures*).

§ 11. — Réquisition de levée de scellés, avec inventaire, par un curateur à une succession vacante.

Et le..., ... heure de...,

Par-devant nous, etc.,

Est comparu, dans notre cabinet, à...,

M..., receveur de rentes, demeurant à..., où il élit domicile ;

Agissant au nom et comme curateur à la succession réputée vacante de M..., propriétaire, demeurant à..., décédé en cette ville le..., sans que, pendant les délais de la loi, personne se soit présenté pour réclamer sa succession.

(Ou) décédé ayant laissé pour seul et unique héritier connu M..., son cousin, rentier, demeurant à..., lequel, par acte dressé au greffe du tribunal civil de première instance de l'arrondissement de..., le..., a renoncé purement et simplement à la succession dudit feu sieur..., son cousin, et sans que, depuis cette renonciation, personne se soit présenté, pendant les délais de la loi, pour réclamer ladite succession.

Ledit sieur..., nommé à cette qualité de curateur, suivant

jugement rendu par le tribunal civil de première instance de l'arrondissement de..., le..., enregistré ; laquelle qualité il a acceptée aux termes d'un acte dressé au greffe du même tribunal, le..., enregistré... : desquelles nomination et acceptation ledit sieur..., nous a justifié,

Lequel a dit que, suivant procès-verbal en date du..., enregistré, les scellés ont été par nous apposés à sa requête (ou d'office, ou à la requête de...), après le décès dudit feu sieur .. ; que, désirant faire procéder aux reconnaissance et levée desdits scellés, au fur et à mesure de l'inventaire des meubles, effets, titres et papiers dépendant de la succession dudit défunt, ainsi qu'aux prisée et estimation des objets qui en seront susceptibles (on peut désigner les officiers publics qui devront y procéder), il nous requiert d'ordonner la levée des scellés aux jour et heure qu'il nous plaira fixer, et a signé, lecture faite. (*Signature*).

Nous, juge de paix,

Vu la réquisition ci-dessus, les actes énoncés et les art 930, 931 et 937, C. proc. civ. ;

Attendu que le comparant, en sa qualité de curateur, a droit de requérir la levée des scellés et l'inventaire dont il s'agit ; que plus de trois jours, etc. ;

Attendu qu'il n'y a point d'opposant à la levée desdits scellés,

Ordonnons que le..., ... heures du matin, les scellés par nous apposés le..., dans la maison où est décédé le même jour ledit sieur..., seront par nous reconnus et levés successivement au fur et à mesure de l'inventaire qui en sera fait par les officiers publics choisis par les parties (ou nommés d'office). en présence des heritiers (tuteur et subrogé-tuteur, suivant le cas). conformément à la loi.

Fait à..., les jour, mois et an que dessus, et nous avons signé avec le greffier. (*Signatures*).

§ 12. — Réquisition de levée de scellés, avec inventaire, par suite de séparation de biens ou de corps.

Et le..., etc. ;

Par-devant nous, etc.,

Est comparue...

Madame..., épouse séparée, quant aux biens, de M .., ancien commissaire-priseur, avec lequel elle demeure à...,

Agissant en conséquence du jugement qui a prononcé leur séparation de biens, rendu au tribunal civil de première instance de l'arrondissement de..., le..., enregistré et signifié, et comme autorisée à la poursuite de ses droits et actions par ordonnance de M. le président du même tribunal, en date du..., enregistrée ; ladite dame..., assistée de Me..., avoué près le même tribunal, demeurant à..., son conseil,

Laquelle a dit que, suivant procès-verbal en date du..., enregistré, les scellés ont été par nous apposés à sa requête (ou à la requête de...), en la maison occupée par le sieur... ; que désirant faire procéder aux reconnaissance et levée desdits scellés, au fur et à mesure de l'inventaire des meubles, effets, titres et papiers dépendant de..., ainsi qu'aux prisée et estimation des objets qui en seront susceptibles (on peut désigner les officiers publics qui devront y procéder), elle nous requiert d'ordonner la levée desdits scellés aux jour et heure qu'il nous plaira fixer, et a signé, lecture faite.

(*Signature*).

Nous, juge de paix,

Vu la réquisition ci-dessus, les actes y énoncés, et les art. 930, 931 et 937, C. proc. civ. ;

Attendu que la comparante, en sa qualité susdite, a droit de requérir la levée de scellés et l'inventaire dont il s'agit ;

Attendu qu'il n'y a point d'opposant à la levée desdits scellés.

Ordonnons que le..., ... heures de..., les scellés par nous

apposés le..., dans la maison de..., seront par nous reconnus et levés successivement, au fur et à mesure de l'inventaire qui en sera fait par les officiers publics choisis par les parties (ou nommés d'office), en présence dudit sieur..., ou lui dûment appelé.

Fait à..., les jour, mois et an que dessus, et nous avons signé avec le greffier. (*Signatures*).

§ 13. — Intitulé de procès-verbal de levée de scellés, avec inventaire, à la requête d'une veuve commune en biens. — Donataire en usufruit. — Enfants mineurs. — Héritier majeur. — Présence du subrogé-tuteur.

Et le...

Nous, etc.,

En exécution de notre ordonnance qui précède, étant en suite de la réquisition de ladite dame veuve..., ci-après nommée, qualifiée et domiciliée, nous sommes transporté en la demeure où est décédé ledit sieur..., où étant arrivé à l'heure susdite, nous y avons trouvé réunis :

1° Madame.., veuve de M..., propriétaire, demeurant à..., requérante,

Agissant en son nom personnel,

A cause de la communauté de biens qui a existé entre elle et son mari, aux termes de leur contrat de mariage passé devant Me..., notaire à..., le..., enregistré ;

(Ou bien) à cause de la communauté de biens qui a existé entre elle et son mari, d'après les dispositions du Code civil, à défaut de contrat de mariage qui ait réglé les clauses et conditions civiles de leur union ;

Laquelle communauté elle se réserve d'accepter ou de répudier par la suite, ainsi qu'elle avisera ;

Et à cause de reprises et créances qu'elle peut avoir à exercer contre ladite communauté ou la succession de sondit mari ;

Et comme donataire en usufruit de la moitié des biens composant la succession de son mari, aux termes du contrat de mariage susénoncé ;

Et encore au nom et comme tutrice légale de..., âgé de quatorze ans et trois mois, de..., âgé de douze ans, et de..., âgée de dix ans, ses trois enfants mineurs, issus de son mariage avec le feu sieur. . ; Madame veuve..., assistée de Me..., avoué près le tribunal de première instance de..., y demeurant, rue..., n°..., son conseil, à ce présent ;

2° M..., marchand de draps, demeurant à...,

Lesdits trois mineurs B..., et le sieur..., habiles à se dire et porter héritiers, chacun pour un quart, de M..., leur père ;

Lesquels comparants nous ont requis, en leurs susdites qualités, de procéder aux reconnaissance et levée des scellés apposés après le décès dudit feu sieur..., leur mari et père, successivement au fur et à mesure de l'inventaire de tout ce qui se trouvera sous lesdits scellés et en évidence, par Me..., notaire à..., et Me..., commissaire-priseur, demeurant à .., qu'ils nomment à cet effet, en présence du subrogé-tuteur ci-après nommé desdits mineurs..., offrant aussi, ladite dame veuve..., de représenter les scellés sains et entiers, ainsi que les objets en évidence confiés à sa garde, et ont signé, après lecture faite. (*Signatures*).

3° M.. , propriétaire, demeurant à.. ;

Au nom et comme subrogé-tuteur des mineurs. ., ses neveux, nommé à cette qualité qu'il a acceptée par délibération du conseil de famille de ces mineurs reçue et présidée par nous suivant procès-verbal en date du..., enregistré ;

Lequel a dit qu'il consent à assister aux opérations requises par la dame veuve..., tutrice légale, sous toutes réserves de droit, et qu'il approuve les nominations de notaire et de commissaire-priseur faites par cette dernière, et ledit sieur... et a signé, lecture faite. (*Signature*)

Nous, etc.

(Voir ordonnance ci-après, § 14).

§ 14. — Intitulé de procès-verbal de la levée de scellés avec inventaire, à la requête d'une veuve mariée sous le régime dotal. — Curateur au ventre. — Notaire commis pour représenter un héritier non présent.

Et le..., heures,

Nous etc...,

En exécution de notre ordonnance qui précède, étant en suite de la réquisition de madame veuve..., ci-après nommée, qualifiée et domiciliée, nous sommes transporté en la maison où est décédé ledit sieur..., où étant arrivé à l'heure susdite, nous y avons trouvé réunis :

1° Madame..., veuve de M..., propriétaire avec lequel elle était mariée sous le régime dotal, suivant leur contrat de mariage passé devant Me..., notaire à..., le..., enregistré.

Ladite dame demeurant à...,

Agissant en son nom, à cause des créances et droits matrimoniaux qu'elle peut avoir à exercer contre la succession de son mari ;

(S'il y a communauté d'acquêts, on ajoute) :

Et à cause de la communauté d'acquêts qui a existé entre elle et son défunt mari, aux termes de leur contrat de mariage susénoncé, et qu'elle se réserve d'accepter ou de répudier, ainsi qu'elle avisera par la suite ;

Laquelle a dit que, suivant procès-verbal en date du..., enregistré, les scellés ont été par nous apposés à sa requête après le décès dudit feu sieur A..., son mari ;

Que désirant faire procéder aux reconnaissance et levée desdits scellés, au fur et à mesure de l'inventaire des meubles, effets, titres et papiers dépendant de la succession dudit défunt, ainsi qu'aux prisée et estimation des objets qui en seront susceptibles, par Me .., notaire à..., et Me..., commissaire-priseur, à,.., qu'elle nomme pour y procéder; qu'en conséquence, elle nous requiert de procéder aux opérations par elle requises et par nous ordonnées, et a signé, lecture faite. (*Signature*).

2° M...;

Au nom et comme curateur au ventre à l'enfant dont madame veuve.. , a déclaré être enceinte des œuvres du feu sieur..., son mari ; ledit sieur..., nommé à cette qualité qu'il a acceptée, suivant une délibération du conseil de famille, réuni sous notre présidence, suivant le procès-verbal que nous avons dressé à la date du, ., enregistré ;

Ledit enfant à naître, pourvu qu'il naisse viable, habile à se dire et porter seul héritier du feu sieur .., son père ;

3° Me..., notaire à..., y demeurant, commis à l'effet de représenter M..., propriétaire à..., par ordonnance de M. le président du tribunal civil de première instance de l'arrondissement de..., en date du..., enregistrée, et dont l'original est demeuré ci-annexé, après que dessus il en a été fait mention par le greffier ;

Ledit sieur..., habile à se dire et porter seul héritier du feu sieur..., son frère, mais pour le cas seulement où l'enfant de madame veuve..., qui est enceinte ne naîtrait pas viable ;

Lesquels ont dit qu'ils consentent à assister aux opérations requises par la dame veuve..., sous toutes réserves de droit, et qu'ils approuvent les nominations de notaire et de commissaire-priseur faites par cette dernière et ont signé, après lecture faite. (*Signatures*).

4° Le sieur..., gardien des scellés ;

Lequel a offert de nous les représenter sains et entiers, tels que nous les lui avons confiés, ainsi que les objets en évidence et décrits en notre procès-verbal d'apposition, et a signé lecture faite. (*Signature*).

Nous, juge de paix.

Vu les comparutions, dires, réquisitions, nominations, consentement et offres des comparants, dont nous leur avons donné acte, pour la conservation des droits respectifs des parties et de tous autres qu'il appartiendra, sans que les qualités ci-devant exprimées puissent nuire, ni préjudicier à qui que ce soit, nous avons procédé aux opérations requises et par nous ordonnées, ainsi qu'il suit..., etc

§ 15. — Intitulé de procès-verbal de levée de scellés, avec inventaire, à la requête d'une veuve séparée de biens et légataire. — Enfants mineurs. — Petits-enfants. — Un mari agissant seul pour sa femme subrogé-tuteur représenté par un mandataire.

Et le..., heures,

Nous etc.,

En exécution de notre ordonnance qui précède, étant en suite de la réquisition du sieur.. , ci-après nommé, qualifié et domicilié, nous sommes transporté à..., en la maison où est décédé ledit sieur.. , sis à..., où étant arrivé nous y avons trouvé réunis :

1° Madame..., veuve de..., avec lequel elle était séparée, quant aux biens, aux termes de leur contrat de mariage passé devant Me..., notaire à .., le..., enregistré (Ou) suivant jugement rendu au tribunal de première instance de l'arrondissement de..., dûment enregistré, signifié et exécuté ;

Madame veuve..., demeurant à..., assistée de Me..., avoué à..;

Agissant en son nom personnel, tant à cause des reprises et créances qu'elle peut avoir à exercer contre la succession de son mari, que comme légataire, à titre universel, du feu sieur... de la moitié, en usufruit, de tous ses biens, meubles et immeubles, aux termes de son testament passé devant Me... notaire à.., en présence de quatre témoins, le..., enregistré ;

Laquelle nous a dit qu'en vertu de notre ordonnance susénoncée, et par exploit de..., huissier à..., en date du..., enregistré, elle a fait donner sommation à... (indiquer les noms et qualités des personnes sommées), de comparaître à ces jour, lieu et heure, pour être présents aux reconnaissance et levée de nos scellés, et à l'inventaire des meubles, titres, papiers et renseignements dépendant de la succession dudit feu sieur.., ainsi qu'aux prisée et estimation des objets qui en seraient susceptibles, par Me .., notaire à..., et Me..., commissaire-priseur, demeurant à..., qu'elle a fait appeler à cet effet ; ledit exploit dont l'original contenant déclaration aux susnommés que, faute de comparaître, il serait contre eux donné défaut et procédé ainsi que de droit, nous a été représenté et est demeuré ci-annexé, après que dessus mention a été faite de son annexe ;

Qu'en conséquence, elle nous requiert de procéder aux reconnaissance et levée de nos scellés successivement, au fur et à mesure de l'inventaire de tout ce qui se trouvera sous lesdits scellés et en évidence, offrant ladite dame veuve... de représenter les scellés sains et entiers, ainsi que les objets en évidence confiés à sa garde, et a signé, après lecture.

(*Signature*).

2° M. ., huissier près le tribunal de première instance de .., demeurant à... ;

Agissant comme maître des actions mobilières et possessoires de madame.., son épouse, avec laquelle il est commun en biens, aux termes de leur contrat de mariage passé devant Me..., notaire à.. , le..., dont une expédition de bonne forme a été représentée.

(Ou) Avec laquelle il est commun en biens, aux termes de

la loi, à défaut de contrat de mariage qui ait réglé les clauses et conditions civiles de leur union, ainsi qu'il le déclare, et que les autres parties le reconnaissent ;

3o M.... propriétaire, demeurant à... ;

Au nom et comme tuteur légal de..., né à..., le..., et de..., née à..., le..., ses deux enfants mineurs issus de son mariage avec madame..., son épouse décédée ;

Ledit sieur..., et la dame .., frère et sœur germains, habiles à se dire et porter héritiers chacun pour un tiers, du feu sieur..., leur père, décédé ;

Et les mineurs..., habiles à se porter héritiers conjointement pour un tiers, ou chacun pour un sixième, du feu sieur..., leur aïeul maternel, par représentation de ladite dame..., leur mère, fille de M... ;

Lesquels ont dit qu'ils consentent, sous toutes réserves de droit, aux levée de scellés et inventaire requis par ladite dame veuve..., et qu'ils approuvent les nominations de notaire et de commissaire-priseur faites par cette dame, et ont signé, après lecture. (*Signatures*).

4o Et M... praticien, demeurant à..., mandataire spécial de M..., rentier, demeurant à..., suivant sa procuration, passée devant Me..., notaire à..., le..., enregistrée, et contenant le pouvoir d'assister aux opérations de levée de scellés et d'inventaire dont il s'agit, faire tous dires, déclarations, réserves, défenses et protestations; le brevet original de laquelle procuration, légalisé par M. le président du tribunal de première instance de l'arrondissement de..., est demeuré annexé à l'intitulé de l'inventaire qui doit être fait au fur et à mesure de la levée des scellés ;

Ledit sieur..., subrogé tuteur des mineurs..., nommé à cette qualité qu'il a acceptée par délibération du conseil de famille de ces mineurs, reçu et présidé par M. le juge de paix du canton de..., suivant son procès-verbal dressé par lui..., le..., enregistré, de laquelle délibération une expédition nous a été représentée ;

Lequel a dit qu'il consent à assister aux opérations de levée de scellés et d'inventaire, et qu'il approuve les nominations de notaire et commissaire-priseur, faites par la veuve du défunt, et a signé, lecture faite. (*Signature*).

Nous, juge de paix, etc.

(Voir l'ordonnance ci-dessus, § 14).

§ 16. — Intitulé de procès-verbal de levée de scellés, avec inventaire, à la requête d'un exécuteur testamentaire. — Frères germain et utérin. — L'un d'eux légataire à titre universel par testament olographe. — Créancier opposant.

Et le .., ... heures,

Nous, etc...,

En exécution de notre ordonnance qui précède, étant en suite de la réquisition du sieur..., ci-après nommé, qualifié et domicilié, nous sommes transporté à..., en la maison où est décédé ledit sieur.. , sise à..., où étant arrivé, nous y avons trouvé réunis :

1° M..., ancien notaire, demeurant à..., où il fait élection de domicile, et encore au domicile du défunt, ci-après nommé ;

Au nom et comme exécuteur testamentaire avec saisine de M..., en son vivant rentier, demeurant à..., aux termes de son testament par lui fait olographe, en date, à .., du..., enregistré à..., le..., et déposé pour minute à Me..., notaire à..., par M. le président du tribunal de première instance de..., aux termes de son procès-verbal d'ouverture et de description dudit testament, en date du .., enregistré, dont un extrait nous a été représenté, en cette qualité, ayant fait le comparant apposer les scellés après le décès du défunt ;

Lequel nous a dit qu'en vertu de notre ordonnance susénoncée, et par exploit de.., huissier à..., en date du..., enregistré, il a fait donner sommation à... (indiquer les noms et qualités des personnes sommées), de comparaître à ces jour, lieu et heure, pour être présents aux reconnaissance et levée de nos scellés, et à l'inventaire des meubles, effets, titres, papiers et renseignements dépendant de la succession dudit feu sieur..., ainsi qu'aux prisée et estimation des objets qui en seraient susceptibles, par Me..., notaire à .., et Me .., commissaire-priseur, demeurant à. ., qu'il a fait appeler à cet effet, ledit exploit dont l'original contenant déclaration aux susnommés, que faute de comparaître, il serait contre eux donné défaut, et procédé ainsi que de droit, nous a été représenté, et est demeuré ci-annexé, après que dessus mention a été faite de son annexe ;

Qu'en conséquence, il nous requiert de procéder aux opérations de reconnaissance et levée de nos scellés, successivement au fur et à mesure de l'inventaire, de tout ce qui se trouvera sous lesdits scellés et en évidence, et a signé, après lecture. (*Signature*).

2° M..., marchand de nouveautés, demeurant à... ;

3° M..., huissier, demeurant à..., lesdits sieurs..., habiles à se dire et porter seuls héritiers du sieur..., leur frère, savoir :

M..., pour la totalité de la moitié dévolue à la ligne paternelle, et pour moitié de l'autre moitié dévolue à la ligne maternelle, ou pour trois quarts au total en qualité de frère germain du défunt, commun étant issus l'un et l'autre du mariage de M..., avec madame.. , veuve en premières noces de M...

Et M. ., pour moitié dans la moitié afférente à la ligne maternelle, ou un quart au total, en qualité de frère utérin du défunt..., comme étant issu du mariage de ladite dame..., avec le sieur...

Et encore le sieur..., légataire à titre universel du quart des biens, meubles et immeubles, composant la succession du défunt sieur.. , aux termes de son testament olographe sus-énoncé ;

Lesquels ont dit qu'ils consentent à assister aux opérations de levée de scellés et d'inventaire requises par le sieur de..., en sa qualité susdite, sous toutes réserves de droit, et qu'ils approuvent les nominations des officiers publics, faites par ledit sieur de..., et ont signé, lecture faite ;

(*Signatures*).

4° Le sieur..., ancien avoué, demeurant à ..

Agissant comme créancier opposant aux termes d'un exploit signifié à sa requête au greffe de cette justice de paix, par.., huissier à..., en date du .., enregistré, et dont mention a été faite par nous, juge de paix, à la suite du procès-verbal d'apposition des scellés, conformément à la loi ;

Lequel a dit qu'en sa qualité de créancier sérieux et légitime du défunt, il consent à assister aux opérations de levée de scellés et d'inventaire dont il s'agit, sous la réserve de ses droits et actions, et a signé, lecture faite ; (*Signature*).

5° Le sieur..., gardien des scellés ;

Lequel a offert de nous les représenter sains et entiers, tels que nous les lui avons confiés, ainsi que les objets en évidence décrits dans notre procès-verbal d'apposition, et a signé, lecture faite ; (*Signature*).

Nous, juge de paix,

Vu les comparutions, dires, réquisitions, nominations, consentement et offres des comparants, dont nous leur avons donné acte, pour la conservation des droits respectifs des parties et de tous autres qu'il appartiendra, sans que les qualités ci-devant exprimées puissent nuire ou préjudicier à qui que ce soit, nous avons procédé aux opérations requises et par nous ordonnées, ainsi qu'il suit, etc.

§ 17. — Ouverture de clôture de vacation.

1º Intitulé do procès-verbal de levée de scellés.

Et le,.., heures ;

Nous, juge de paix, etc.

En exécution de notre ordonnance qui précède, étant en suite de la réquisition du sieur..., ci-après nommé, qualifié et domicilié,

Nous sommes transporté en la demeure où est décédé ledit sieur..., sise à..., où étant arrivé, nous y avons trouvé réunis :

1º. . . . . . . ; — 2º. . . . . .

2º Clôture ordinaire de vacation.

Il a été vaqué tant à la rédaction de l'intitulé du présent procès-verbal qu'à l'inventaire des objets décrits en évidence (pour les vacations suivantes, on met seulement : A tout ce que dessus), depuis dix heures du matin jusqu'à quatre heures du soir, par double vacation (ou jusqu'à sept heures du soir, par triple vacation, pour accélérer, à la demande des parties).

Ce fait, tous les objets inventoriés et ceux restant à inventorier, ainsi que les scellés, sont restés en la garde et possession du sieur..., gardien institué par notre procès-verbal d'apposition, qui le reconnaît et s'en charge pour en faire la représentation quand et à qui il appartiendra et la vacation, pour la continuation des levées de scellés et d'inventaire, a été remise et indiquée, du consentement de toutes les parties, à demain..., présent mois, dix heures du matin, en la maison où nous opérons et où lesdites parties ont promis de se trouver, et ont signé, après lecture faite (*Signatures*).

3° Ouverture ordinaire de vacation.

Et le..., ... heures,

En conséquence de l'assignation prise par la clôture de la précédente vacation,

Nous, juge de paix, etc.,

Agissant et assisté comme dit est des autres parts nous avons procédé ès mêmes requêtes, présences et qualités que ci-devant, à la continuation de la levée des scellés au fur et à mesure de l'inventaire, ainsi qu'il suit :

1°. . . . . . . ; — 2°. . . . . . .

4° Ouverture de vacation par suite de changement.

Et le...,

En conséquence de l'assignation prise par la clôture de la dernière vacation,

Nous, juge de paix, agissant et assisté comme dit est des autres parts, avons procédé ès mêmes requêtes, présences et qualités que ci-dessus, à l'exception du sieur..., actuellement représenté par le sieur..., en vertu des pouvoirs contenus en la clôture de la dernière vacation de l'inventaire (dans les vacations suivantes, on dit : le sieur..., agissant toujours comme mandataire du sieur...), à la continuation de la levée des scellés au fur et à mesure de l'inventaire, ainsi qu'il suit :

1°. . . . . . . ; — 2°. . . . . . .

5° Clôture d'une vacation de classement et arrangement de papiers et marchandises.

Il a été vaqué à l'examen, classement et arrangement des papiers trouvés sous les scellés (ou des marchandises dépendant du fonds de commerce de..., que le défunt faisait valoir), depuis dix heures du matin jusqu'à quatre heures du soir, par double vacation.

Ce fait, tous les papiers ont été déposés dans (désigner le meuble), sur lequel meuble, fermé avec la clef remise au greffier, les scellés ont été réapposés.

6° Clôture de vacation portant indication pour continuer les opérations de levée de scellés et d'inventaire dans une autre maison du lieu de l'ouverture du procès-verbal.

Et la vacation a été remise au..., présent mois, à dix heures du matin, pour continuer la présente opération, en une maison, sise à... (ou dans une ferme, sise à...), dont le défunt était propriétaire ou locataire, et dans laquelle il existe différents meubles et effets mobiliers, dépendant de la succession dudit défunt (ou desdites communautés et successions), et ont lesdites parties, le commissaire-priseur et le gardien, signé avec nous et le greffier, après lecture faite.

(*Signatures*).

7° Ouverture de vacation par suite de l'indication ci-dessus.

Et le...,

En conséquence de l'assignation prise par la clôture de vacation qui précède,

Nous avons procédé, ès mêmes requêtes, présences et qualité que ci dessus, en une maison, sise à.. , rue..., où nous nous sommes transporté avec les parties, le notaire et le commissaire-priseur, à la continuation de notre opération, ainsi qu'il suit :

1°. . . . . . ; — 2°. . . .

8° Clôture définitive.

Ce fait, tous les effets, tant ceux en évidence que ceux qui étaient sous nos scellés, ensemble les titres et papiers ayant été décrits, prisés, inventoriés et compris dans l'inventaire fait par ledit notaire en notre présence au fur et à mesure de la levée desdits scellés, tout le contenu audit inventaire, tant en objets mobiliers qu'en papiers, est resté en la garde et possession de .., qui le reconnaît et s'en charge, aux lieu et place dudit sieur... (le gardien), qui en est déchargé, ainsi que le greffier de la garde des clefs par lui laissées aux meubles au fur et à mesure de la levée des scellés).

En conséquence, nous avons clos et arrêté définitivement le présent procès verbal, et ont les parties, sous toutes réserves et protestations exprimées en l'inventaire, signé avec le commissaire-priseur, le gardien des scellés, nous et le greffier après lecture faite. *(Signatures).*

§ 18. — Procès-verbal de levée de scellés provisoire.

Et le..., heures,

Nous, juge de paix, etc.

En exécution de l'ordonnance de référé qui précède, de M. le président du tribunal civil de première instance de l'arrondissement de..., en date du..., enregistrée, nous sommes transporté avec le ci-après nommé, requérant, en la demeure où est décédé le..., le sieur..., rentier, sise à..., et où nous avons apposé nos scellés, à l'effet de..., (rapporter ici textuellement les termes de l'ordonnance), où étant arrivé, nous y avons trouvé réunis :

1° Le sieur...., propriétaire...., demeurant à...., requérant ;

2° Madame..., veuve de..., rentière demeurant à...;

3° Et Me..., notaire à..., nommé d'office par la susdite ordonnance pour représenter à l'opération ordonnée les héritiers du défunt, non présents ;

Lesquels nous ont réitéré la réquisition qui précède du sieur..., l'un des comparants, de lever provisoirement les scellés par nous apposés après le décès dudit feu sieur..., pour y faire perquisition de..., (désigner les objets), conformément à l'ordonnance de référé susénoncée de M. le président, ladite dame veuve..., offrant de nous représenter sains et entiers les scellés confiés à sa garde, et ont signé, après lecture. (*Signatures*).

Nous, juge de paix,

Vu les comparutions, dires et réquisitions des parties, dont nous leur avons donné acte, l'ordonnance de référé susénoncée de M. le président du tribunal de première instance de l'arrondissement de..., et l'art. 928, C. proc. civ.;

Nous avons procédé à l'opération ordonnée ainsi qu'il suit :

Introduit dans la chambre à coucher du défunt, désignée dans notre procès-verbal d'apposition qui précède, nous avons reconnu sains et entiers les scellés apposés sur le secrétaire, étant dans ladite chambre, et comme tels levés et ôtés, et ensuite, avec la clef dudit meuble représentée par le greffier, nous l'avons ouvert, fait perquisition des... (désigner les objets) annoncés y être renfermés, et nous avons trouvé.., (désigner les objets), que nous avons remis à..., qui le reconnaît et s'en charge pour en toucher le montant ou les faire protester (si ce sont des billets, on répète ici ce qui a été prescrit par l'ordonnance de référé), et nous avons aussitôt réapposé nos scellés sur le secrétaire.

(On procède de même pour les autres scellés qu'on lève).

Ce fait, tous les scellés et objets décrits en évidence sont restés en la garde de ladite dame veuve..., gardienne instituée par notre procès-verbal d'apposition, qui le reconnaît et s'en charge pour en faire la représentation quand et à qui il appartiendra.

Fait et dressé par le présent procès-verbal, après avoir vaqué par simple vacation, et ont les parties signé avec nous et le greffier, après lecture faite. (*Signatures*).

§ 19. — Procès-verbal de levée de scellés sans description ou inventaire.

Et le..., etc.,

Nous, juge de paix,

En exécution de notre ordonnance qui précède, étant en suite de la réquisition du ci-après nommé, qualifié et domicilié, nous sommes transporté en la maison où est décédé ledit sieur..,, où étant arrivé,nous y avons trouvé réunis :

1° M..., rentier, demeurant à..., où il fait élection de domicile ;

2° M..., marchand épicier, demeurant à...;

3° Madame..., veuve de..., employé des contributions indirectes, demeurant à...;

4° M..., cultivateur, demeurant à...;

M..., habile à se dire et porter héritier dudit sieur..., son fils, issu de son mariage avec dame..., son épouse décédée, pour la moitié dévolue à la ligne paternelle, et encore ayant droit à l'usufruit du tiers de la moitié dévolue aux héritiers collatéraux de la ligne maternelle en vertu des art. 753 et 754, C. civ.;

Et lesdits sieurs..., et dame..., habiles à se dire et porter seuls héritiers du feu sieur..., leur cousin, chacun pour un tiers dans la moitié afférente à la ligne maternelle, qu'ils représentent seuls, sauf les droits d'usufruit de M..., père ;

Lesquels nous ont requis, en leurs susdites qualités, de procéder aux reconnaissance et levée de scellés pure et simple sans description, sous leur responsabilité personnelle et solidaire, offrant ledit sieur (le gardien) de nous représenter les scellés sains et entiers, ainsi que les objets en évidence confiés à sa garde, et ont lesdites parties, signé, après lecture faite. *(Signatures).*

(On peut encore, pour abréger, commencer ainsi cet intitulé) :

Et le...,

Nous, etc.,

En exécution de notre ordonnance qui précède, étant ensuite de la réquisition du sieur...,

Nous sommes transporté en la maison où est décédé, le..., ledit sieur..., ou étant arrivé..., heure ;

Nous y avons trouvé réunis les susnommés en ladite requête ; lesquels, en leurs qualités susdites, nous ont requis, etc. (comme ci-dessus) ;

En conséquence, nous avons en présence de tous les requérants reconnu sains et entiers et comme tel levé et ôté, les deux (le nombre) scellés apposés dans la chambre à coucher du défunt, sise au premier étage ayant vue, au midi, par deux croisées, sur (désigner les meubles), et les clefs desdits meubles ont été remises par le greffier aux héritiers.

Nous avons ensuite reconnu que les meubles et effets en évidence dans ladite chambre sont les mêmes que ceux décrits dans le procès-verbal des scellés.

Nous avons reconnu sains et entiers les six scellés (le nombre total) apposés dans : 1°... ; 2°... (désigner toutes les pièces et les meubles), sur..., et comme tels levés et ôtés, et les clefs desdits meubles ont été remises par le greffier aux héritiers.

Nous avons ensuite reconnu que les meubles et effets en évidence dans les lieux occupés par le défunt sont les mêmes que ceux décrits dans le procès-verbal des scellés.

(On procède de la même manière pour toutes les pièces).

On peut généraliser et dire :

Notre opération étant terminée, nous avons déchargé ledit

sieur... de la garde des scellés, et donné acte au greffier de la remise des clefs aux héritiers qui sont restés en possession tant desdits objets en évidence que de ceux qui étaient sous les scellés ainsi qu'ils le reconnaissent.

Il a été vaqué à tout ce que dessus, depuis dix heures du matin jusqu'à trois heures de relevée, par double vacation.

Fait, clos et arrêté le présent procès-verbal, les jour, mois et an que dessus, et ont les parties signé avec nous et le greffier, après lecture faite.

(*Signatures*).

§ 20. — Procès-verbal de la levée de scellés, avec inventaire sans incidents.

Et le...,

Nous..., etc.,

En exécution de notre ordonnance qui précède, étant en suite de la réquisition de la dame veuve..., ci-après nommée, qualifiée et domiciliée,

Nous sommes transporté en la demeure où est décédé ledit sieur..., sise à..., où, étant arrivé, nous y avons trouvé réunis :

1° Madame..., veuve de..., d'avec lequel elle était séparée quant aux biens, aux termes de leur contrat de mariage passé devant Me..., notaire à..., le..., enregistré.. ; madame veuve.., rentière, demeurant à..., où elle fait élection de domicile, assistée de Me..., avoué près le tribunal civil de première instance de l'arrondissement de..., y demeurant, rue, no..., son conseil ;

Agissant en son nom personnel, tant à cause des reprises et créances qu'elle peut avoir à exercer contre la succession de son mari que comme légataire, à titre universel du feu sieur.. de la moitié, en usufruit, de tous les biens, meubles et immeubles, aux termes de son testament reçu par M^e..., notaire à...., en présence de quatre témoins, le...., enregistré ;

Laquelle nous a dit qu'elle a fait appeler à l'amiable les enfants et représentants légaux des petits-enfants du défunt et autres intéressés dans la succession, pour assister à l'inventaire qu'elle se propose de faire, ainsi qu'il est expliqué en sa requête, et nous a requis, en conséquence, de procéder aux reconnaissance et levée des scellés ordonnées par notre ordonnance susénoncée, au fur et à mesure de l'inventaire de tout ce qui se trouvera sous les scellés et en évidence, par Me..., notaire à..., et Me commissaire-priseur, demeurant à.., qu'elle nomme pour y procéder, offrant ladite dame veuve..., requérante de représenter les scellés sains et entiers, ainsi que les objets en évidence confiés à sa garde et a signé, après lecture. (*Signature*).

2° M..., propriétaire, demeurant à...;

3° M..., cultivateur, demeurant à...;

Agissant comme maître des actions mobilières et possessoires de madame..., son épouse, avec laquelle il est commun en biens, aux termes de leur contrat de mariage passé devant Me..., notaire à..., le..., enregistré, dont une expédition nous a été représentée ;

4° De M..., négociant, demeurant à...;

Au nom et comme tuteur légal de..., née à..., le..., et de.., né à..., le..., ses deux enfants mineurs, issus de son mariage avec madame. ., son épouse décédée ;

Lesdits sieurs..., et dame. ., frère et sœur germains, habiles à se dire et porter héritiers, chacun pour un tiers, du feu sieur..., leur père, décédé à..., le...;

Et les mineurs..., habiles à se porter héritiers conjointement pour un tiers, ou chacun pour un sixième, du feu sieur..., leur aïeul maternel, par représentation de ladite dame..., leur mère, fille de...,

Lesquels ont dit que, sous toutes réserves de droit, ils consentent aux levée de scellés et inventaire requis par ladite dame veuve..., par les officiers publics par elle choisis, et ont signé, lecture faite.

(*Signatures*).

5° M..., propriétaire, demeurant à...;

Au nom et comme subrogé tuteur des mineurs..., nommé à cette qualité qu'il a acceptée par délibération du conseil de famille de ces mineurs, reçue et présidée par M. le juge de paix du canton de..., suivant son procès-verbal dressé par lui, en date du..., enregistré, dont une expédition nous a été représentée ;

Lequel a dit qu'il consent, sous toutes réserves de droit, à assister aux opérations de levée de scellés et d'inventaire dont il s'agit par les officiers publics désignés à cet effet par la veuve, et a signé, lecture faite.

(*Signature*).

6° M..., cultivateur, demeurant à..., enfant naturel du sieur..., et de la demoiselle..., reconnu suivant acte passé devant Me..., notaire à..., le..., enregistré, dont une expédition nous a été représentée, et en cette qualité, habile à réclamer la part qui leur est dévolue par la loi du 25 mars 1896.

(*Signature*).

Nous, juge de paix,

Vu les comparutions, dires, réquisitions, nominations et offres des comparants, dont nous leur avons donné acte, pour la conservation des droits respectifs des parties et de tous autres qu'il appartiendra, sans que les qualités ci-devant exprimées puissent nuire ou préjudicier à qui que ce soit, nous avons procédé aux opérations requises et par nous ordonnées ainsi qu'il suit :

Dans la cave :

Les vins, le bois à brûler et autres objets en évidence s'étant trouvés tels qu'ils ont été décrits dans notre procès verbal d'apposition de scellés, ont été inventoriés et prisés, ainsi qu'il est porté en l'inventaire fait par Me..., notaire à..., et Me..., commissaire-priseur, demeurant à...;

Dans la cuisine, au rez de-chaussée, éclairée par une croisée sur la cour :

Les meubles et objets en évidence s'étant trouvés tels qu'ils ont été décrits en notre procès-verbal d'apposition de scellés, ont été inventoriés et prisés, ainsi qu'il est établi audit inventaire.

Dans une pièce à côté de la précédente, éclairée par deux croisées au midi, et servant de salle à manger :

Les meubles et objets en évidence s'étant trouvés tels qu'ils ont été décrits en notre procès-verbal d'apposition de scellés, ont été inventoriés et prisés, ainsi qu'il est porté en l'inventaire.

Dans une pièce, au premier étage, servant de chambre à coucher, éclairée par deux croisées sur le jardin à l'est :

Les meubles et effets et autres objets en évidence s'étant etc. (on parcourt ainsi toutes les pièces).

(On peut encore généraliser ainsi, ce qui se fait dans les successions peu importantes, et dire) :

Les meubles et objets mobiliers en évidence dans les différentes pièces de l'appartement (ou de la maison) occupé par le défunt, s'étant trouvés tels qu'ils ont été décrits en notre procès-verbal d'apposition de scellés, ont été inventoriés et prisés, ainsi qu'il est porté en l'inventaire fait par Me..., etc.

Dans la chambre à coucher susdésignée du défunt :

Nous avons reconnus sains et entiers, et comme tels levé et ôté successivement, les scellés apposés sur la commode, le placard et le secrétaire de cette pièce : ouverture faite de ces meubles par le greffier avec les clefs dont il était dépositaire et qu'il a laissées auxdits meubles, les effets, linges et hardes y étant ont été inventoriés et prisés, ainsi qu'il est porté en l'inventaire.

Il a été vaqué tant à la rédaction du présent procès-verbal qu'aux description et prisée des objets en évidence et de ceux trouvés sous les scellés, levés en la présente vacation, depuis dix heures du matin jusqu'à quatre heures de relevée, par double vacation.

Ce fait, tous les objets inventoriés et les scellés subsistants sont restés en la garde et possession du sieur..., gardien institué par notre procès-verbal d'apposition, qui le reconnaît et s'en charge pour les représenter quand et à qui il appartiendra, et a signé, lecture faite. (*Signature*).

Et la vacation pour la continuation des levées de scellés et d'inventaire, a été remise et indiquée, du consentement de toutes les parties, à demain .., dix heures du matin, en la maison où nous opérons, et où lesdites parties ont promis de se trouver, et ont signé, après lecture faite.

(*Signatures*).

Et le..., dix heures du matin, etc.,

En conséquence de l'assignation (ou de l'estimation) prise par la clôture de la précédente vacation ;

Nous, juge de paix, agissant et assisté comme dit est des autres parts,

Nous sommes transporté en la maison susdésignée dudit

défunt..., où étant arrivé à l'heure susdite, nous avons procédé, ès mêmes requêtes, présences et qualités que ci-devant à la continuation de la levée des scellés au fur et à mesure de l'inventaire, ainsi qu'il suit :

ARGENTERIE, BIJOUX, DENIERS COMPTANTS.

Dans une pièce, au premier étage, servant de salon, éclairée par trois croisées, sur le jardin et la cour :

Nous avons reconnu sains et entiers, et comme tels levé et ôté les deux scellés apposés sur le bureau et le secrétaire de cette pièce et ouverture faite de ces meubles par le greffier avec les clefs dont il était chargé et qu'il a laissées auxdits meubles, les bijoux, argenterie et deniers comptants y étant ont été inventoriés et prisés ; la prisée de l'argenterie et des bijoux s'est élevée à la somme de..., et les deniers comptants, à celle de..., le tout ainsi qu'il est constaté en l'inventaire.

ANALYSE DES PAPIERS ET DÉCLARATIONS ACTIVES ET PASSIVES.

Il a été ensuite procédé aux examen, classement, arrangement et inventaire des papiers trouvés sous scellés, sous dix cotes, et aux déclarations actives et passives, ainsi qu'il est constaté audit inventaire.

Il a été vaqué à tout ce que dessus depuis dix heures du matin, jusqu'à six heures du soir par triple vacation.

Ce fait, tous les meubles et effets, tant ceux en évidence que ceux qui étaient sous nos scellés, ayant été décrits, prisés et inventoriés, ensemble les titres et papiers compris dans l'inventaire fait par ledit Me..., notaire à..., en notre présence au fur et à mesure de la levée desdits scellés, tout le contenu audit inventaire, tant en objets mobiliers, qu'en papiers, est resté en la garde et possession de..:, qui le reconnaît et s'en charge aux lieu et place de... (le gardien), qui en est par conséquent déchargé, pour par..., les représenter quand et à qui il appartiendra ;

En conséquence, nous avons clos et arrêté définitivement le présent procès-verbal, et ont les parties, sous toutes réserves et protestations exprimées en l'inventaire, signé avec le commissaire-priseur, le gardien des scellés, nous et le greffier, après lecture faite. (*Signatures*).

§ 21. — Procès-verbal de levée des scellés avec divers incidents. — Référés. — Remise d'une vacation à l'autre. — Décision en cas d'altération de scellés. — Opposition. — Revendication exercée par un tiers. — Nomination d'administrateur provisoire. etc.

Et le. ., etc...;

Nous. ., etc.,

En exécution de notre ordonnance qui précède, tant en suite de la réquisition de la dame veuve ci-après nommée, qualifiée et domiciliée ;

Nous sommes transporté en la demeure où est décédé ledit sieur..., où étant arrivé, à l'heure susdite, nous y avons trouvé réuni :

1º Madame..., veuve de..., propriétaire, demeurant à..., où elle fait élection de domicile ;

Agissant en son nom personnel, tant à cause de la communauté des biens qui a existé entre elle et le feu sieur.., son mari, aux termes de leur contrat de mariage passé devant Me..., notaire à..., le..., enregistré, dont une expédition nous a été représentée, et des reprises et créances qu'elle peut avoir à exercer contre ladite communauté ou la succession de son mari, que comme donataire à titre universel du feu sieur. ., en usufruit, de tous ses biens meubles et immeubles, avec dispense de donner caution, aux termes de son testament passé devant Me..., notaire à..., en présence de quatre témoins le..., enregistré, dont une expédition nous a été également représentée ;

Laquelle nous a dit qu'en vertu de notre ordonnance susénoncée, et par exploit de..... huissier à..., en date du..., enregistré, elle a fait donner sommation à... (indiquer les noms et qualité des personnes sommées) de comparaître à ces jour, lieu et heure pour être présents aux reconnaissance et levée de nos scellés et à l'inventaire des meubles, effets, titres papiers et renseignements dépendant de la succession dudit feu sieur... ainsi qu'aux prisée et estimation des objets qui en seraient susceptibles, par Me. ., notaire à.. , et Me..., commissaire-priseur, demeurant à.. , qu'elle a fait appeler à cet effet ; ledit exploit dont l'original contenant déclaration aux susnommés que, faute de comparaître, il serait contre eux donné défaut et procédé ainsi que de droit, nous a été représenté et demeuré ci-annexé après que dessus mention a été faite de son annexe ; qu'en conséquence elle nous requiert de procéder aux reconnaissance et levée de nos scellés, successivement au fur et à mesure de l'inventaire de tout ce qui se trouvera sous lesdits scellés et en évidence offrant ladite dame..., de représenter les scellés sains et entiers, ainsi que les objets en évidence confiés à sa garde et signé, après lecture faite. (*Signature*).

2° M..., capitaine au 7e régiment de lanciers, en garnison à...;

3° M..., propriétaire, demeurant à...;

Agissant comme maître des actions mobilières et possessoires de madame..., son épouse, avec laquelle il est commun en biens, aux termes de leur contrat de mariage passé devant Me..., notaire à..., le..., dont une expédition a été représentée ;

4° M..., rentier, demeurant à...,

Au nom et comme tuteur légal de..., né à..., le..., et de.., né à..., le.. , ses deux enfants mineurs, issus de son mariage avec madame..., son épouse, décédée ;

Lesdits sieur..., et dame..., frère et sœur germains, habiles à se dire et porter héritiers, chacun pour ....., du feu sieur..., leur père décédé ;

Et les mineurs .., habiles à se porter héritiers du feu sieur..., leur grand-oncle, par représentation de ladite dame.. , leur mère, laquelle était fille dudit feu sieur..., leur aïeul maternel, frère germain dudit défunt sieur ..;

Lesquels ont dit qu'ils consentent, sous toutes réserves de droit aux levée de scellés et inventaire requis par ladite veuve..., mais qu'ayant comme celle-ci, le droit de choisir les officiers publics qui doivent procéder aux inventaire et prisée ils nomment pour notaire M^e..., et déclarent agréer pour faire la prisée M^e..., commissaire-priseur choisi par la dame veuve..., et ont signé après lecture. (*Signatures*).

Et par la dame veuve..., il a été répondu que, si elle a fait choix de M^e..., notaire, pour procéder à l'inventaire dont il s'agit, c'est qu'elle a pensé qu'ayant été notaire du défunt, il pouvait mieux qu'un autre connaître les affaires de la succession, et que, par le même motif, elle persistait dans le choix par elle fait dudit notaire, et a signé, lecture faite.

(*Signature*).

5° M ,., propriétaire, demeurant à...;

Au nom et comme subrogé tuteur des mineurs..., nommé à cette qualité, qu'il a acceptée, par délibération du conseil de famille de ces mineurs, reçue et présidée par M. le juge de paix du canton de..., suivant son procès-verbal, dressé par lui le..., enregistré, dont une expédition nous a été représentée ;

Lequel a dit qu'il consent, sous toutes réserves de droit, à assister aux opérations requises et ordonnées, et demande que le notaire qui devra procéder à l'inventaire soit nommé d'office par M. le président du tribunal civil, et a signé lecture faite. (*Signature*).

Sont aussi comparus MM..., créanciers opposants à la levée de nos scellés, suivant leurs déclarations en date des..., consignées des autres parts à la suite de notre procès-verbal d'apposition desdits scellés, ou suivant exploits d'opposition notifiés au greffe de cette justice de paix parlant à Me..., greffier, les..., et dont les originaux dûment enregistrés nous ont été représentés ;

Lesquels ont dit qu'ils comparaissent au désir de la sommation qui leur a été faite en exécution de notre ordonnance, et consentent, sous toutes réserves de leurs droits et actions, qu'il soit procédé à l'instant même à la levée desdits scellés au fur et à mesure de l'inventaire, déclarant lesdits opposants nommer pour les représenter auxdites opérations de levée de scellés et d'inventaire, M. ., l'un d'eux, qui a déclaré accepter et ont signé après lecture. (*Signatures*).

Nous, juge de paix,

Donnons acte aux comparants, ès-noms et qualités qu'ils agissent, de leurs comparutions, dires, nominations, protestations, consentements et réserves : et, en outre, à ladite dame veuve..., et aux opposants, de la remise par eux à nous faite des originaux de sommation et opposition susénoncés ;

Et attendu que les parties n'ont pu s'entendre sur le choix du notaire qui doit procéder à l'inventaire, disons qu'il en sera référé à M. le président du tribunal civil de première instance de l'arrondissement de..., le jour de demain, heure de midi, en son cabinet, au palais de justice, où les parties ont promis de comparaître.

La vacation pour la continuation du présent procès-verbal a été remise au..., de ce mois, dix heures du matin, en la maison où nous opérons et où toutes les parties ont promis de se trouver et d'y faire trouver les officiers publics qui seront nommés par M. le président, et ont lesdits comparants signé avec nous et le greffier, après lecture. (*Signatures*).

Et le..., heure,

Nous (nom, prénoms), président du tribunal de première instance de l'arrondissement de...,

Après avoir entendu M. le juge de paix en son rapport, Me..,, et Me..., avoués des parties ;

Attendu qne le notaire présenté par la dame veuve..., mérite la préférence, en considération de la qualité et de l'intérêt des parties ;

Au principal, renvoyons les parties à se pourvoir, et par provision,

Disons qu'il sera procédé à l'inventaire par Me...., notaire à,.., et, à la prisée, par Me..., commissaire-priseur, demeurant à...

(Ou) Disons qu'il sera procédé à l'inventaire, par Mes..., notaires à... (les deux notaires désignés par les partie), et par... etc.

Et notre ordonnance sera exécutée par provision, nonobstant appel.

Fait en notre cabinet, au palais de justice, les jour, mois et an que dessus, et nous avons signé avec le greffier, lecture faite.

(*Signatures du président et du greffier*)

Et le..., etc..

Nous, juge de paix, etc.,

En conséquence de l'assignation prise par la clôture de la précédente vacation,

Nous sommes transporté en la maison où est décédé ledit sieur..., où étant arrivé, à l'heure susdite,nous y avons trouvé la dame veuve..., les sieurs..., ..., ..., et MM... (les opposants), agissant ès mêmes noms, qualités, sous toutes réserves de droit ;

Lesquels nous ont requis de procéder de suite aux reconnaissance et levée des scellés apposés après le décès dudit sieur..., au fur et à mesure de l'inventaire, par Me..., notaire à..., nommé d'office à cet effet par l'ordonnance sur référé qui précède, ainsi qu'à la prisée des objets qui en seront susceptibles, par Me. ., commissaire-priseur, dont les parties sont convenues, et ont signé, lecture faite.

(*Signatures*).

Nous, juge de paix,

Vu les comparutions, dires et réquisitions des comparants dont nous leur avons donné acte, l'ordonnance de référé qui précède, et les comparutions des notaire et commissaire-priseur susnommés, pour la conservation des droits respetifs des parties et de tous autres qu'il appartiendra, sans que les qualités ci-devant exprimées puissent nuire ou préjudicier à qui que ce soit, nous avons procédé aux opérations requises et par nous ordonnées, en présence desdites parties, du mandataire des créanciers opposants, et des notaires et commissaire-priseur, ainsi qu'il suit :

Dans la cave :

Les vins, le bois à brûler et les autres objets en évidence s'étant trouvés, tels qu'ils ont été décrits dans notre procès-verbal d'apposition de scellés, ont été prisés et inventoriés ainsi qu'il est porté en l'inventaire fait par les notaire et commissaire-priseur susnommés.

Dans la cuisine, au rez-de-chaussée, éclairée par une croisée sur la cour à l'est :

Les meubles et effets en évidence s'étant trouvés tels qu'ils ont été décrits dans notre procès-verbal d'apposition de scellés, ont été prisés et inventoriés ainsi qu'il est porté en l'inventaire.

A l'instant est comparu le sieur,.., opposant suivant sa déclaration consignée en notre procès-verbal d'apposition de scellés ;

Lequel a dit que la veuve, les héritiers et les créanciers opposants étant présents, il demande que remise lui soit faite présentement des huit couverts en argent et six cuillers à café en vermeil par lui prêtés au défunt quelques jours avant son décès, et qu'il s'est empressé de réclamer lors de l'apposition des scellés, et a signé, lecture faite.

(*Signature*)

Après avoir entendu sur cette réclamation les parties, avons reconnu en leur présence sain et entier, et comme tel levé et ôté le scellé apposé sur le secrétaire de la chambre du défunt désigné des autres parts, dans lequel se trouve l'argenterie ; et ensuite, à l'aide de la clef restée entre les mains du greffier ouverture faite de ce meuble, nous en avons extrait huit couverts d'argents et six cuillers à café en vermeil, marqués des lettres initiales du nom de sieur...,et que celui-ci a déclaré lui appartenir ; la demoiselle..., domestique, et la dame veuve.. ont déclaré que ces objets avaient été réellement en leur présence, prêtés audit défunt, par ledit sieur..., et ont signé, lecture faite.. (*Signatures*).

Les autres parties, ont dit que, d'après la déclaration de la dame .., et de la demoiselle..., elles ne s'opposaient pas à ce que les huits couverts et six cuillers à café réclamés par le sieur..., lui soient remis sous la réserve des droits des créanciers, et sans que le présent consentement puisse leur être imputé comme acceptation de qualité de leur part, et ont signé, lecture faite. (*Signatures*).

Le sieur.. , créancier opposant, au nom des autres créanciers qu'il représente, a dit qu'il est consentant que les objets réclamés par le sieur.. lui appartiennent réellement, et que la remise doit lui être fait à l'instant même, et a signé.

(*Signature*).

Vu les réclamation, reconnaissance, dires, réquisitions et consentement ci-dessus dont nous avons donné acte aux parties, nous avons remis présentement les huit couverts d'argent et les six cuillers à café en vermeil dont il s'agit, au sieur..., requérant, qui le reconnaît et en donne par le présent bonne et valable décharge à la succession, et nous avons aussitôt réapposé nos scellés sur le secrétaire, et a ledit sieur..., signé, après lecture. (*Signature*).

Dans le salon, au rez-de-chaussée; éclairé par deux croisées, au midi :

Les meubles effets et autres objets en évidence s'étant etc.

On parcourt ainsi toutes les pièces et on procède comme ci-dessus.

Il a été vaqué à tout ce que dessus, depuis dix heures du matin jusqu'à quatre heures du soir.

Ce fait, tous les objets inventoriés et ceux à inventorier, ainsi que les scellés, sont restés en la garde et possession de ladite dame veuve..., qui le reconnaît et s'en charge pour les représenter quand et à qui il appartiendra, et a signé, lecture faite. (*Signature*).

Et la vacation pour la continuation des levées de scellés et d'inventaire a été remise et indiquée, du consentement de toutes les parties et créanciers, à demain..., dix heures du matin, en la maison ou nous opérons, et ou lesdites parties ont promis de se trouver, et ont signé avec nous et le greffier après lecture faite. (*Signatures*).

Et le..., heures,

Nous, etc.,

En conséquence de l'assignation (ou de l'intimation) prise par la clôture de la dernière vacation;

Nous sommes transporté en la maison susdésignée du défunt, sise à..., ou étant arrivé à l'heure susdite, nous avons procédé, ès-mêmes requêtes présences et qualité qu'en l'intitulé du présent procès-verbal, à la continuation de la levée des scellés au fur et à mesure de l'inventaire, ainsi qu'il suit :

Dans une pièce au premier étage, servant de chambre à coucher, et éclairée par deux croisées sur la cour :

Les meubles et objets mobiliers en évidence s'étant trouvés tels qu'ils ont été décrits en notre procès-verbal d'apposition de scellés, ont été inventoriés et prisés ainsi qu'il est porté audit inventaire.

Dans une pièce, etc.

Les meubles, etc.,

(On parcourt ainsi toutes les pièces et l'on procède comme ci-dessus).

A l'instant, le sieur..., subrogé tuteur, nous a dit qu'il vient d'être informé que différents effets de la succession dudit défunt ont été soustraits et emportés de ladite maison ou nous opérons ; qu'en conséquence, il requiert que ces différents effets soient à l'instant rapportés ; et, dans le cas ou il ne le seraient, il nous a déclaré qu'il s'oppose formellement à la continuation de nos opérations jusqu'à ce qu'il en ait été référé et statué, nous invitant et requérant même de faire en cette circonstance ce qui est de notre ministère pour acquérir autant qu'il nous sera possible, à l'instant et sans désemparer, la preuve des divertissements, soustractions et détournements qu'il vient de nous dénoncer, et a signé.

(*Signature*).

Nous, juge de paix, déférant à cette réquisition (constater la suite donnée à cette demande et les résultats obtenus).

Dans la chambre à coucher susdésignée :

Nous avons reconnus sains et entiers, et comme tels levé et ôté les scellés sur (désigner les meubles), et ouverture faite de ces meubles par le greffier avec les clefs dont il était dépositaire et qu'il a laissées auxdits meubles, les effets, linges et autres objets y étant ont été inventoriés et prisés ainsi qu'il est porté en l'inventaire.

Dans une pièce, au premier étage, servant de cabinet, éclairée par deux croisées sur le jardin, au midi :

Nous avons reconnu sains et entiers, et comme tels levé et ôté les scellés apposés sur un bureau et un placard, et ouverture faite desdits bureau et placard par le greffier avec les clefs dont il était dépositaire, et qu'ils a laissées dans les serrures, les bijoux, argenterie et deniers comptants y étant, ont été inventoriés et prisés, la prisée de ces objets s'est élevée à la somme de..., et les deniers comptants à celle de..., le tout ainsi qu'il est constaté en l'inventaire.

Ayant examiné le scellé apposé sur un autre placard de cette pièce, nous avons remarqué et fait remarquer aux parties et aux notaire et commissaire-priseur que l'empreinte du sceau de la partie gauche dudit scellé est déchirée ; la dame veuve..., gardienne de nos scellés, par nous interpellée de déclarer si elle savait comment et par qui cette altération avait été faite, et après serment par elle prêté de dire la vérité, nous a répondu qu'elle l'ignorait ; mais qu'elle était certaine que cette altération ne pouvait être que le résultat d'un accident ou d'une imprudence, et a signe, lecture faite.

(*Signature*).

Ouverture faite de ce placard avec la clef remise par le greffier, nous avons reconnu que rien n'a été dérangé, et que l'altération dudit scellé n'est que le résultat d'un accident ou d'une imprudence dont il ne peut résulter le moindre soupçon des mauvaises intentions de la part de celui qui l'a commise, et nous avons en conséquence continué notre opération alnsi que nous aurions fait sans cet incident.

(On procède ainsi pour la reconnaissance et levée de chaque scellé).

Il a été ensuite procédé aux examen, classement, arrangement et inventaire des papiers trouvés sous scellés, et aux déclarations actives et passives, ainsi qu'il est constaté audit inventaire.

(S'il y a lieu, on se pourvoit en référé devant le président du tribunal pour obtenir les autorisations de vendre les meubles, d'agir sans attributions de qualités, de gérer et administrer la succesion, etc. Voir les §§ 21, 22 et 23 ci après).

Ce fait, tous les meubles et effets, tant ceux en évidence que ceux qui étaient sous nos scellés, ensemble les titres et papiers, ayant été décrits, inventoriés et prisés, et compris dans l'inventaire, fait en notre présence, au fur et à mesure de la levée desdits scellés, tout le contenu audit inventaire, tant en objets mobiliers qu'en papiers, est resté en la garde et possession de ladite dame...,veuve dudit défunt, qui le reconnaît et s'en charge. Si le gardien des scellés était étranger, on ajoute) : Aux lieu et place dudit sieur..., qui en est par conséquent déchargé, pour, par elle, les représenter quand et à qui il appartiendra.

Il a été vaqué à tout ce que dessus depuis dix heures du matin jusqu'à six heures du soir pour terminer, à la réquisition expresse des parties, par triple vacation.

En conséquence, nous avons clos et arrêté définitivement le présent procès-verbal, à..., les jour, mois et an que dessus et ont les parties signé avec nous et le greffier, après lecture faite.

(*Signature*).

§ 22. — Procès-verbal de levée des scellés après faillite.

Et le.., heures,

Nous, etc.;

En exécution de notre ordonnance qui précède, étant en suite de la réquisition du... ci-après nommé, qualifié et domicilié, nous sommes transporté au domicile du sieur..., marchand de..., sis à. ., rue..., n°..., où étant arrivé à l'heure susdite, nous y avons trouvé réunis :

1° M..., agréé près le tribunal de commerce de l'arrondissement de..., syndic de la faillite du sieur.. , nommé à cette fonction qu'il a acceptée par jugement du même tribunal, en date du..., enregistré ;

Lequel nous a dit qu'en vertu de notre ordonnance susénoncée, et par exploit de... huissier, à, en date du..., il a fait sommation au sieur..., failli, de comparaître et se trouver à ces jour, lieu et heure, pour assister si bon lui semble, aux reconnaissance, levée de scellés et inventaire dont il s'agit. ainsi qu'au prisée et estimation qui en seraient susceptibles ; ledit exploit dont l'original enregistré à..., le .., contenant déclaration que, faute de comparaître, il serait contre lui donné défaut et procédé ainsi que de droit, nous a été représenté et est demeuré ci-annexé après que dessus mention a été faite de son annexe ; qu'en conséquence, il nous requiert de procéder aux reconnaissance et levée de nos scellés successivement, au fur et à mesure de l'inventaire qui sera dresse par le comparant et de la prisée qui sera faite par M^{e}..., greffier, par lui requis à cet effet, de tous les objets qui se trouveront sous lesdits scellés et en évidence, et a signé, lecture faite. (*Signature*).

2° Le sieur..., marchand de..., demeurant à..., rue..., n°.., failli ;

Lequel nous a dit qu'il comparaît au désir de notre ordonnance susénoncée et qu'il consent à assister aux opérations de levée de scellés et d'inventaire dont il s'agit, et a signé lecture faite. (*Signature*).

3o Le sieur..., gardien des scellés;

Lequel a offert de nous représenter lesdits scellés sains et entiers, tels que nous les lui avons confiés, ainsi que les objets en évidence décrits en notre procès-verbal d'apposition et a signé, lecture faite. (*Signature*).

Nous, juge de paix,

Vu les comparutions, dires, réquisitions, nominations, consentement et offres des parties dont nous avons donné acte à la conservation des droits et intérêts desdites parties et de tous autres qu'il appartiendra, nous avons procédé aux opérations requises et par nous ordonnées, ainsi qu'il suit :

Dans la cuisine, au rez-de-chaussée, éclairée par une croisée sur la cour :

Les meubles et objets en évidence s'étant trouvés tels qu'ils ont été décrits dans notre procès-verbal d'apposition des scellés, ont été inventoriés par le syndic et prisés par Me..., greffier de cette justice de paix, ainsi qu'il est porté en son procès-verbal d'inventaire.

Dans une boutique, au rez-de-chaussée, éclairée sur la cour :

Les meubles, marchandises et autres objets en évidence décrits dans notre procès-verbal d'apposition, ont été inventoriés et prisés ainsi qu'il est porté audit inventaire. Nous avons reconnu sains et entiers, et comme tels levé et ôté les scellés apposés sur..., (désigner les meubles) ; ouverture faite de ces meubles, par le greffier, avec les clefs dont il était dépositaire et qu'il a laissées auxdits meubles, les marchandises effets mobiliers et autres objets y étant, ont été prisés et inventoriés, ainsi qu'il est porté en l'inventaire.

(On parcourt ainsi toutes les pièces et l'on procède comme ci-dessus, et s'il s'élève des incidents dans le cours de l'opération, on les constate, comme il est dit ci-dessus, § 21).

Il a été ensuite procédé par le syndic aux examen, classement, arrangement et inventaire des livres, effets de portefeuille et autres papiers, trouvés sous les scellés, ainsi qu'aux déclarations actives et passives de la faillite.

Les livres du failli au nombre de..., intitulés, le premier journal, etc. (décrire sommairement les livres), ont été par nous arrêtés, signés et paraphés, *ne varientur*.

Nous avons également côté et paraphé les autres papiers inventoriés sous quinze cotes, ainsi qu'il est porté en l'inventaire du syndic.

Ce fait, tous les meubles, effets et marchandises, tant ceux en évidence que ceux qui étaient sous nos scellés, ensemble les livres, effets de portefeuille, titres et papiers ayant décrits inventoriés et prisés, et compris en l'inventaire dressé par le failli en notre présence, au fur et à mesure de la levée desdits scellés, nous avons reçu du gardien et du failli, le serment qu'ils ont individuellement prêté devant nous, que ledit acte est véritable et comprend toutes les valeurs dudit sieur.., qu'ils n'ont rien pris ni directement ou indirectement, vu ni su qu'il ait été rien pris ou détourné par qui que ce soit des biens dépendant de la faillite.

Tout le contenu audit inventaire, à l'exception des livres et papiers dont le syndic s'est saisi, est resté en la garde et possession du sieur..., qui le reconnaît et s'en charge, pour, par lui, les représenter quand et à qui il appartiendra.

Fait et arrêté le présent procès-verbal, à..., les jour, mois et an que dessus ;

Il a été vaqué à tout ce que dessus depuis dix heures du matin jusqu'à six heures du soir, par triple vacation.

Et ont le syndic, lesdits sieur..., failli et M..., gardien signé avec nous et le greffier, après lecture faite.

(*Signatures*).

§ 23. — Ordonnance d'autorisation de gérer et administrer la succession.

En procédant, madame veuve... a dit que, provisoirement et en attendant la liquidation des communauté et succession dont il s'agit, il est nécessaire, dans l'intérêt de tous, qu'une seule personne soit chargée de gérer et administrer les biens et affaires desdites communauté et succession de recevoir les loyers. fermages et revenus, etc,; qu'elle pense que c'est à elle qu'il est le plus convenable d'accorder les autorisations nécessaires à cet effet, comme étant celle des parties qui représente le plus grand intérêt, et qui est le plus en état de suivre cette administration; requérant que ces opérations lui soient conférées par ces présentes; (*Signature*).

Et a signé, après lecture.

Les autres parties ont répondu que les autorisations demandées par madame veuve.., ne leur paraissent pas indispensables, quant à présent, puisqu'elles sont toutes présentes pour signer les quittances nécessaires; qu'au surplus, elles se réservent de consentir ultérieurement ces autorisations, si elles le jugent alors convenable.

Et a signé après lecture. (*Signatures des parties*).

A quoi madame veuve... a dit qu'elle persiste dans ses demande et réquisition, pour qu'il y soit fait droit sur le champ, attendu qu'il est urgent de pourvoir à l'administration des immeubles, et qu'il est impossible pour chaque acte de cette administration de réunir le consentement et la signature de toutes les parties.

Et a signé après lecture. (*Signature*).

§ 24. — Ordonnance d'autorisation pour agir sans attribution de qualité.

Avant la clôture du présent procès-verbal, madame veuve.. a fait observer qu'il est dans l'intérêt de toutes les parties et des créanciers desdites communauté et succession de faire procéder dans le plus court délai : 1° à la vente du mobilier décrit en l'inventaire ; — 2° à la vente du fonds de commerce de..., que le feu sieur..., son mari, faisait valoir, ensemble des marchandises et effets mobiliers qui en font partie ; qu'en conséquence, elle requiert qu'il nous plaise de nous transporter devant M. le président du tribunal civil de première instance de l'arrondissement de.... aux jour et heure qu'il nous plaira de choisir, pour voir dire qu'il sera ladite dame, en présence des autres parties, ou elles dûment appelées, il sera procédé : à la vente du mobilier compris dans l'inventaire, fait en même temps que ces présentes, par Me.. , notaire à.., après les publications et annonces nécessaires, et aux charges, clauses et conditions qui seront insérées au cahier des charges qui sera dressé à cet effet ; comme aussi qu'elle pourra toucher et recevoir les prix desdites ventes, et toutes les sommes dues aux communauté et succession, payer toutes celles qu'elles peuvent devoir, régler tous comptes, notamment celui du commissaire-priseur, lui donner décharge, etc., le tout sans attribution de qualités, et a signé après lecture.

(*Signature*).

MM..., ès dits noms et qualités, ont dit que, sous toutes réserves, ils consentent au référé et aux autorisations demandées par madame veuve .., et ont signé, après lecture.

(*Signatures*).

§ 25. — Ordonnance d'ajournement des parties en référé.

Nous, juge de paix, faisant droit aux réquisitions de la dame veuve...,

Et attendu le consentement de toutes les parties,

Disons que nous nous transporterons en référé devant M. le président du tribunal de première instance de l'arrondissement de..., en son cabinet au palais de justice, le..., de ce mois, heure de midi, pour, sur notre rapport à M. le président, être par lui statué ce qu'il appartiendra.

(*Signature*).

FORMULES.

§ 1. — Apposition de scellé. — Saisie exécution

L'an..., le..., heures,

Nous..., juge de paix du canton de..., département de..., assisté de..., greffier de cette justice de paix,

Etant à..., au domicile du sieur..., cultivateur audit lieu, où il est présentement procédé, à la requête du sieur..., propriétaire, demeurant à..., par..., huissier à..., à une saisie-exécution, en notre présence, requise, conformément à l'art. 591, C. proc., pour l'ouverture des pièces et meubles, vu l'absence dudit sieur.. (ou) vu le refus dudit sieur..., d'ouvrir aucune pièce ou meuble, il s'est trouvé dans le cours de ladite opération, dans deux armoires, plusieurs titres et papiers que nous avons réunis et placés dans le tiroir de droite d'une armoire, étant dans la chambre à coucher du sieur.., sise au rez-de-chaussée, et ayant vue au midi ;

Et attendu l'absence dudit sieur.

Vu l'art. 591, C. proc., nous avons apposé sur ledit tiroir, fermé avec la clef, remise au greffier, à l'endroit et sur l'ouverture de la serrure, un scellé au moyen d'une bande de ruban de fil gris, aux deux extrémités de laquelle nous avons empreint le sceau de notre justice de paix sur cire molle verte.

Nous avons ensuite établi gardienne dudit scellé madame. femme dudit sieur..., présente à notre opération, laquelle s'en est volontairement chargée et a promis de représenter ledit scellé quand et à qui il appartiendra. Il a été vaqué à tout ce que dessus, depuis dix heures du matin jusqu'à midi par simple vacation.

Et ont ladite dame..., et le sieur..., huissier, signé avec nous et le greffier, à..., les jour, mois et an que dessus, après lecture. (*Signatures*).

§ 2. — Réquisition et ordonnance de levée de scellés.

L'an..., le.., heures,

Par-devant nous, etc.,

Est comparu, dans notre cabinet, le sieur..., cultivateur, à...;

Lequel a dit que le..., de ce mois, procédant en son absence à une saisie-exécution, à la requête du sieur..., propriétaire, demeurant à..., l'huissier ayant trouvé des meubles fermés, en a requis l'ouverture, qui a été ordonnée par nous que, dans deux armoires, il se trouva différents titres et papiers qui furent par nous renfermés dans le tiroir de droite d'une armoire et placés sous les scellés que le comparant ayant intérêt d'obtenir la remise de ces papiers qui ne peuvent être saisis par son créancier, il requiert qu'il nous plaise en ordonner la levée et que remise des papiers lui soit faite après ou sans examen, mais sans description, il a signé.

(*Signature*).

Nous, juge de paix,

Vu la réquisition ci-dessus, l'art. 591, C. proc., et notre procès verbal d'apposition de scellés, en date du..., enregistré;

Attendu que le sieur..., a droit de réquérir la levée des scellés dont il s'agit,

Disons que lesdits scellés seront par nous reconnus et levés le.., heures du matin, en présence du requérant et du sieur .

créancier saisissant, qui sera appelé à cet effet, pour après examen, si besoin est, des papiers dont il s'agit, la remise en être faite audit sieur..., ainsi que de droit.

Fait en notre cabinet, à..., les jours, mois et an que dessus et avons signé avec le greffier. (*Signatures*).

§ 3. — Levée de scellés.

Et ledit jour...,

Nous, juge de paix susdit,

En vertu de notre ordonnance, en date du..., qui précède, étant en suite de la requête du sieur..., cultivateur, demeurant à ..,

Nous sommes transporté, assisté de Me..., greffier de notre justice de paix, au domicile dudit sieur.. , ci-dessus désigné, où étant, nous avons trouvé dans une chambre à coucher sise au rez-de-chaussée, et ayant vue au midi, ledit sieur..., requérant, lequel a requis défaut contre ledit sieur..., non comparant, ni personne pour lui, quoique dûment cité par exploit de..., huissier à..., en date du..., enregistré, dont l'original nous a été représenté ; et pour le profit qu'il soit procédé à l'opération requise et ordonnée, et a signé.

(*Signature*).

Et à l'instant est comparu ledit sieur..., propriétaire, demeurant à...;

Lequel nous a dit qu'il comparaît au désir de notre ordonnance susdatée, à lui dûment notifiée, ainsi qu'il est ci-dessus dit et qu'il n'attend nullement s'opposer à ce qu'il soit procédé à la levée pure et simple sans description du scellé dont il s'agit, et a signé. (*Signature*).

Est aussi comparue la dame..., femme de..., gardienne de nosdits scellés, laquelle nous a déclaré être prête à nous en faire la représentation, et a signé. (*Signature*).

Sur quoi, nous, juge de paix, avons donné acte aux parties de leurs comparutions, dires, réquisitions et consentement, et nous avons en conséquence reconnu sain et entier le scellé apposé sur la serrure du tiroir de droite de l'armoire, étant dans la chambre à coucher du saisi, où nous sommes, et nous l'avons rompu.

Notre opération étant terminée, nous avons déchargé ladite dame..., de la garde du scellé, et donné acte au greffier de la remise de la clef par lui laissée dans la serrure du tiroir sur lequel était apposé le scellé.

De tout quoi nous avons fait et dressé le présent procès-verbal, les jour, mois et an que dessus, après avoir vaqué, depuis dix heures du matin jusqu'à midi, par simple vacation.

Et ont les parties signé avec nous et le greffier, après lecture. *(Signatures).*

§ 4. — Nomination d'un gérant à l'exploitation d'une ferme, en cas de saisie d'animaux et ustensiles servant à l'exploitation.

L'an.,., le..., heures,

Par-devant nous, etc.,

Est comparu, dans notre cabinet, le sieur..., propriétaire, demeurant à..., ou il déclare faire élection de domicile ;

Lequel nous a dit que, par procès-verbal de ., huissier à.., en date du..., enregistré..., il a fait procéder à une saisie-exécution au domicile du sieur..., cultivateur, demeurant à..; qu'au nombre des objets saisis sur ledit sieur..., se trouvent les animaux et les ustensiles servant à l'exploitation de sa ferme, ce qui rend nécessaire l'établissement d'un gérant qui dans l'intérêt de qui de droit, tiendrait état de toutes recettes et dépenses ; que par exploit de huissier à..., en date du..., enregistré, il a fait citer à comparaître cejourd'hui devant nous, dix heures du matin, dans notre cabinet, le sieur... saisi et M... propriétaire de la ferme exploitée par celui-ci, demeurant à..., pour voir dire qu'il sera par nous procédé, parties entendues ou appelées, à ladite nomination, conformément à l'art. 594 du Code de proc. et a signé. (*Signature*).

Sur quoi, nous juge de paix,

Vu le procès-verbal de saisie susénoncé et daté, et l'art. 594 du Code de proc.;

Considérant que la nomination d'un gérant à l'exploitation de la ferme du saisi est demandée et consentie par les parties.

Nommons comme gérant de l'exploitation de ladite ferme, le sieur..., garde champêtre de la commune de..., lequel présent a déclaré accepter cette fonction, et promis d'en remplir fidèlement les devoirs moyennant salaire, fixé d'un commun accord par les parties à un franc cinquante centimes par jour.

Desquels comparution, réquisition, consentement, nomination et acceptation, nous avons donné acte aux susnommés.

Fait et dressé le présent procès-verbal à..., les jour, mois et an que dessus. (*Signature*).

LES TARIFS DES GREFFIERS

Décret en projet

TARIF ACTUEL	TARIF proposé par les greffiers	TEXTE D'UN NOUVEAU TARIF	TARIF proposé par la commission
		A partir du . . . . les droits et émoluments des greffiers de justice de paix sont fixés et déterminés conformément au tarif suivant :	
		SECTION Ire	
		MATIÈRES CONTENTIEUSES	
		Art. 1er. — Il est alloué au greffier :	
o 15	o 30	Pour chaque billet d'avertissement qu'il délivre en exécution de l'art. 2 de la loi du 2 mai 1855 en outre des frais de timbre et du droit de transports *et des frais de poste* (1), 25 centimes. . .	0,25
o 15	o 50	Pour l'inscription de chaque effaire sur le registre d'ordre tenu en excution des art. 1 et 2 titre VIII, de la loi des 18-26 octobre 1791, à titre de droit de mise au rôle, 25 centimes.	o 50
»	o 50	Pour la rédaction des qualités de tout jugement contradictoire ou par défaut, susceptible d'être expédié, 25 centimes.	o 50

(1) La Commission propose d'ajouter « et des frais de poste ». Elle fait très justement remarquer que l'augmentation ne peut résulter que d'une loi.

TARIF ACTUEL	TARIF proposé par les greffiers	TEXTE D'UN NOUVEAU TARIF	TARIF proposé par la commission
»	2 »	Pour la rédaction d'un procès-verbal de conciliation (C. proc. civ., art. 54 ; loi du 2 mai 1855, art. 2), lorsque cette rédaction a été requise par les parties, 1 franc	1 »
»	1 »	Pour la rédaction d'un procès-verbal de non-conciliation, lequel doit seulement contenir la mention sommaire que les parties n'ont pu s'accorder (C. proc. civ., art. 54), 50 centimes.	0 50
»	0 50	Pour la mention, sur le registre du greffe et sur l'original ou la copie de l'exploit, que l'une des parties n'est pas comparue au bureau de conciliation (C. proc. civ., art. 58), 25 centimes. . . .	0 25
5 »	5 »	Art. 2. — Il sera taxé au greffier, pour la transmission au parquet de la récusation du juge de paix et de sa réponse (C. proc. civ., art. 47), tous frais de port compris, 5 francs	5 »
1 66 2 50 3 et 3 33 par vacation	4 et 5 par vacation	Art. 3. — Pour l'assistance aux enquêtes, visites et autres opérations auxquelles il est procédé par le juge de paix sur les lieux contentieux (C. proc. civ., art. 38), il sera taxé au greffier 4 francs par chaque vacation de trois heures au moins.	4 » par vacation
		SECTION II MATIÈRES NON CONTENTIEUSES § 1er. — *Droits proportionnels* Art. 4. — Il est alloué au greffier 4 fr. par chaque vacation, qui sera de	

TARIF ACTUEL	TARIF proposé par les greffiers	TEXTE D'UN NOUVEAU TARIF	TARIF proposé par la commission
		trois heures au moins, pour assistance aux opérations, procès-verbaux et actes suivants, ainsi que pour la rédaction de ces actes et procès-verbaux :	
1 66 à 3 33 par vacation	4 et 5 par vacation	Appositions, reconnaissance et levée de scellés (C. proc. civ., art. 907 et suiv. et autres lois); description sommaires de mobilier; procès-verbaux de carence (*ibid.*, art. 914 et 924) ; référés devant le président du tribunal civil (*ibid.*, art 921 et 922) ; présentation à ce magistrat de testaments ou papiers cachetés (*ibid.*, art. 916, 917, 918 et 920). .	4 » par vacation
id.	id.	Déclaration, par les greffiers des villes dont la population est d'au moins 20.000 âmes, au greffe du tribunal civil. de l'apposition des scellés, dans le cas où elle est prescrite par la loi (C. proc. civ., art. 925).	id.
id.	id.	Délibérations de conseils de famille (C. civ., art. 416).	id.
id.	id.	Procès-verbaux d'adoption (C. civ., art. 353), et de tutelle officieuse (C. civ., art. 363).	id.
id.	id.	Pour l'acte de notoriété délivré sur l'attestation de sept témoins, afin de suppléer un acte de naissance dans le cas prévu par l'art 70, C. civ., et dans la forme prescrite par l'art. 71	id.
id.	id.	Pour l'assistance du greffier aux opérations d'expertise et la rédaction du rapport dans le cas où les experts ou l'un d'eux ne peuvent l'écrire eux-mêmes (C. proc. civ., art. 42)	id.
		Art. 5. — Le tarif des commissaires-	

TARIF ACTUEL	TARIF proposé par les greffiers	TEXTE D'UN NOUVEAU TARIF	TARIF proposé par la commission
		priseurs, tel qu'il est établi par la loi du 18 juin 1843, est rendu commun aux greffiers de justice de paix, dans les lieux où ils sont autorisés par les lois à procéder aux prisées et aux ventes de meubles.	
		§ 2. — *Droits fixes*	
		Art. 6. — Il est alloué aux greffiers un émolument de 4 fr. pour l'assistance aux actes ci-après et rédaction de ces actes :	
»	4 et 5	1° Déclaration par le père ou la mère contenant émancipation d'un ou de plusieurs enfants mineurs (C. civ., art. 477).	4 »
»	id.	2° Même déclaration portant autorisation au mineur de faire le commerce (C. de com., art. 2)	4 »
		Il n'est dû qu'un seul émolument lorsque cette autorisation est accordée dans l'acte même d'émancipation.	
»	id.	3° Nomination d'un tuteur par le survivant des père et mère (C. civ., art. 398).	4 »
»	id.	4° Nomination d'un conseil à la mère tutrice (C. civ., art. 392).	4 »
»	id.	5° Déclaration affirmative faite devant le juge de paix par un tiers saisi dans les cas prévus par les art 571 et 638, C. proc. civ. (1).	4 »
		Art. 7. — Il sera taxé au greffier 2 fr.	

(1) Le rapport supprime un droit de 4 fr. pour la « *déclaration d'incendie faite en exécution d'une police d'assurance.* » Les greffiers avaient proposé 4 fr. et 5 fr.

TARIF ACTUEL	TARIF proposé par les greffiers	TEXTE D'UN NOUVEAU TARIF	TARIF proposé par la commission
o 33 à o 66	id.	1° Pour l'acte de notoriété délivré sur l'attestation de deux témoins pour constater l'absence de l'ascendant auquel eût dû être fait un acte respectueux dans le cas prévu par l'art. 155, C. civ., ainsi que pour tout autre acte de notoriété autre que celui énoncé à l'art. 4. .	2 »
		2° *Pour la rédaction des certificats de propriété* (1)	2 »
»	id.	3° Pour l'acte contenant déclaration de francisation ou de propriété d'un navire (lois des 27 vendémiaire an II et 9 juin 1845)	2 »
2 »	»	Art. 8. — Il est également alloué au greffier, conformément à l'art. 2 de la loi du 22 février-4 mars 1851, pour la rédaction d'un contrat d'apprentissage, 2 fr.	2 »
1 »	»	Art. 9. — Il sera taxé au greffier, en conformité de la loi de finances du 26 juillet 1860, pour l'inscription de chaque élève en pharmacie sur le registre tenu en exécution du décret du 5 février même année, 1 fr.	1 »
»	4 et 5	Art. 10. — Il lui est alloué pour tout acte constatant le dépôt au greffe autorisé par les lois, 1 fr. . . . . *L'allocation est portée à 2 fr. lorsque le dépôt a pour objet un acte de société* (2).	1 »
		Art. 11. — Il lui sera pareillement alloué une rétribution de 1 fr. pour chaque opposition à la levée des scellés, lorsqu'elle est formée par déclaration	

(1-2) Ajouté par la commission.

TARIF ACTUEL	TARIF proposé par les greffiers	TEXTE D'UN NOUVEAU TARIF	TARIF proposé par la commission
0 50	4 et 5	sur le procès-verbal (C. proc. civ., art. 926).	1 »
		Il ne lui sera rien dû pour les oppositions faites par le ministère des huissiers et sur lesquelles il appose son visa (*Ibid.*).	
		Art. 12. — Il est attribué au greffier :	
		1° Pour rechercher des actes et jugements faits ou rendus depuis plus d'une année et dont il n'est pas demandé d'expédition, savoir :	
»	0 50	Pour la première année indiquée, un droit de 50 centimes	0 50
»	0 25	Et pour chacune des autres années, 25 centimes	0 25
»	0 10	2° Pour l'inscription de chaque acte sur le répertoire dont la tenue est prescrite par l'art. 49 de la loi du 22 frimaire an VII, 10 centimes	0 10
»	0 10	3° Pour chaque état des frais à fournir aux parties en exécution de l'art 22 ci-après, 10 centimes	0 10
0 25	0 25	Art. 13. — Il est accordé aux greffiers des localités où ne siège pas un tribunal de première instance, et ce conformément à la loi du 2 mai 1861, pour chaque légalisation de la signature des notaires et des officiers de l'état civil, 0 fr. 25	0 25
		SECTION III	
		INDEMNITÉ DE TRANSPORT	
		Art. 14. — *Lorsque, dans l'exercice*	

TARIF ACTUEL	TARIF proposé par les greffiers	TEXTE D'UN NOUVEAU TARIF	TARIF proposé par la commission
»	4 et 5	*de leurs fonctions, les greffiers de justice de paix se transportent à plus de deux kilomètres du chef-lieu de canton, il leur sera alloué par kilomètre parcouru en allant et en revenant si le transport est effectué par chemin de fer,* 0,20 *centimes et si autrement,* 40 *centimes* (1).	
		SECTION IV DROITS D'EXPÉDITION	
0 40 et 0 50	»	Art. 15. — Il sera taxé aux greffiers, pour chaque rôle des expéditions qu'ils délivreront, 0 fr. 50.	0 50
0 80 et 1 »	0 50	Toutefois, ils ne percevront, pour l'expédition d'un procès-verbal de non-conciliation, encore qu'elle contienne plus de deux rôles, qu'un émolument de 1 fr.	1 »
0 40 et 0 50	0 50	Art. 16. — Il leur est alloué pour extrait des oppositions aux levées de scellés, 0 fr 50 par chaque opposition.	0 50
		Art. 17. — Les greffiers ne pourront délivrer d'expéditions entières des procès-verbaux d'apposition, reconnaissance et levée de scellés qu'autant qu'ils en seront expressément requis par les parties. Ils seront tenus de délivrer ex-	

(1) Ancien texte, art. 14, du projet Guilbon. Art. 14 : Lorsque, dans l'exercice de leurs fonctions, les greffiers de justice de paix se transportent à plus de cinq kilomètres de leur résidence, ils recevront, outre les vacations qui leur sont allouées par l'art. 3 ci-dessus, une indemnité de 4 fr. par chaque myriamètre parcouru en allant et en revenant Au-delà d'un myriamètre les fractions de 8 kilomètres donneront droit à la taxe d'un myriamètre entier; celles inférieures à 8 kilomètres seront comptées comme un demi-myriamètre et donneront droit à une augmentation de 2 fr.

TARIF ACTUEL	TARIF proposé par les greffiers	TEXTE D'UN NOUVEAU TARIF	TARIF proposé par la commission
		trait de ces procès-verbaux encore que l'expédition entière n'en ait point été demandée.	
		SECTION V	
		REMBOURSEMENT DE PAPIER TIMBRÉ	
		Art. 18. — Il est alloué aux greffiers de justice de paix, à titre de remboursement du papier timbré :	
		1° Pour chaque jugement porté sur la feuille d'audience, ceux de simple remise exceptés, o fr. 80 ;	
		2° Pour chaque jugement de remise, o fr. 50 ;	
		3° Pour procès-verbal de conciliation inscrit sur un registre timbré, o fr. 50 ;	
		4° Pour le procès-verbal sommaire constatant que les parties n'ont pu être conciliées, o fr. 30;	
		5° Pour chaque mention sur un registre, o fr. 25.	
		SECTION VI	
		DISPOSITIONS GÉNÉRALES	
		Art. 19. — Les greffiers de justice de paix n'ont droit à aucun émolument particulier :	
		1° Pour la rédaction des jugements préparatoires, interlocutoires et définitifs, non plus que pour celles des simples remises de cause et des retraits du rôle :	
		2° Pour les enquêtes qui ont lieu à	

TARIF ACTUEL	TARIF proposé par les greffiers	TEXTE D'UN NOUVEAU TARIF	TARIF proposé par la commission
		l'audience, qu'il soit ou non dressé un procès-verbal ;	
		3° Pour l'acte contenant déclaration des parties qu'elles demandent jugement, qu'il y ait ou non prorogation de compétence (C. proc. civ., art. 7) ;	
		4° Pour les actes de réception de caution ;	
		5° Pour ceux de prestation de serment ;	
		6° Pour les réquisitions à fin d'apposition ou levée de scellés et de convocation des conseils de famille :	
		7° Et généralement pour l'accomplissement des obligations qui leur sont imposées, soit à l'effet de régulariser le service du greffe, soit dans un intérêt d'ordre public ou d'administration judiciaire.	
		Art. 20. — Les greffiers ne peuvent écrire, sur les minutes ou feuilles d'audience et sur les registres timbrés, plus de trente lignes à la page et de vingt syllabes à la ligne sur une demi-feuille au timbre de 60 centimes et sur une feuille de timbre de 1 fr. 20 ; de quarante lignes à la page et de vingt-cinq syllabes à la ligne, lorsque la feuille est au timbre de 1 fr. 80 ; et plus de cinquante ligne à la page et de trente syllabes à la ligne lorsque la feuille est au timbre de 2 fr. 40.	
		Toute contravention au présent article sera constatée conformément à la loi du 13 brumaire an VII, et punie de l'amen-	

TARIF ACTUEL	TARIF proposé par les greffiers	TEXTE D'UN NOUVEAU TARIF	TARIF proposé par la commission
		de prononcée par l'art. 10 de la loi du 16 juin 1824, sans préjudice des droits de timbre à la charge des contrevenants. Art. 21. — Les grosses et expéditions, qui ne peuvent être délivrées par les greffiers sur des feuilles d'un format inférieur à celles de moyen papier du prix actuel de 1 fr. 80 (lois des 13 brumaire an VII, art. 19; 28 avril 1816, art. 63, et 23 août 1871, art. 2), devront contenir vingt lignes à la page et dix syllabes à la ligne. Art. 22. — Aucuns frais ni émoluments ne pourront être perçus par les greffiers que sur des états dressés par eux, et qui seront vérifiés et visés par le juge de paix. Ces états seront écrits au bas des expéditions, et, à défaut d'expédition, il sera dressé un état séparé. Art. 23. — Les greffiers tiendront un registre sur lequel ils inscriront, par ordre de date et sans aucun blanc, toutes les sommes qu'ils recevront pour les actes de leur ministère. Les déboursés et les émoluments seront inscrits avec détail et dans des colonnes séparées. Ce registre, sur papier non timbré, sera coté et parafé par le juge de paix. Il sera tenu sous la surveillance de ce magistrat qui, au commencement de chaque trimestre, et plus souvent, s'il le croit utile, le vérifiera, l'arrêtera et en dressera un procès-verbal où il con-	

TARIF ACTUEL	TARIF proposé par les greffiers	TEXTE D'UN NOUVEAU TARIF	TARIF proposé par la commission
		signera ses observations. Ce procès-verbal sera par lui transmis au procureur de la République, lequel en rendra compte au procureur général. Pourront le procureur de la République et le procureur général, soit par eux-mêmes, soit par leurs substituts, procéder à cette vérification toutes les fois qu'ils en auront reconnu l'utilité. Art. 24. — Il est interdit aux greffiers de justice de paix de recevoir, sous quelque prétexte que ce soit, d'autres ou plus forts droits que ceux qui leur sont alloués par le présent décret. Ils ne peuvent exiger ni recevoir aucun droit de prompte expédition. En cas d'infraction aux dispositions du présent article et de l'article précédent, les juges de paix en informeront le procureur de la République, et il en sera fait rapport au garde des sceaux ; il sera pris, à l'égard du contrevenant, telle mesure qu'il appartiendra En outre, au cas de perceptions illicites, les contrevenants seront, suivant la gravité des circonstances, destitués de leur emploi et poursuivis pour l'application des peines prononcées par les lois, sans préjudice de la restitution des sommes indûment perçues et de tous dommages-intérêts, s'il y a lieu. Art 25. — Sont et demeurent abrogés les art. 1er à 20 exclusivement du tarif du 16 février 1807, l'ordonnance du 17 juillet 1825 et l'art. 3 du décret du 24 novembre 1871.	

II — TARIF DES GREFFIERS DE SIMPLE POLICE

Dix propositions étaient formulées par les greffiers de simple police :

1° Un droit de 0 fr. 25 par inscription au rôle de toute affaire portée à l'audience.

2° Un droit de 10 centimes pour indemnité d'inscription au répertoire.

3° Un droit de 0 fr. 50 pour les qualités de jugement définitif et de 0 fr. 25 pour celles de jugement de renvoi.

4° Un droit de 0 fr. 25, pour la rédaction des bulletins individuels d'ivresse.

5° Un droit de 0 fr. 50 pour toute réception de déclaration d'appel et de pourvoi en cassation.

6° Un droit de 0 fr. 60 pour les extraits destinés à l'exécution des peines corporelles ou des condamnations pécuniaires.

7° Le droit de rôle d'expédition de 0 fr. 60.

8° Un droit de 0 fr. 15 par article de bordereau accompagnant les extraits.

9° Un droit de 0 fr. 10 pour les extraits complémentaires.

10° Enfin un droit de 0 fr. 10 par un article de l'état trimestriel prévu par l'art. 178, C. inst. crim.

Quel sort est fait à ces réclamations ?

Tout d'abord comme pour les greffiers de paix, aucune augmentation de traitement n'est admise.

Les réclamations 1, 3, 5 et 10 sont rejetées.

Les autres sont admises en principe.

En ce qui concerne l'indemnité de 0 fr. 10 pour inscription au répertoire elle est admise et son taux se trouve être par là identique à celui alloué aux greffiers des tribunaux civils par le décret du 24 mars 1854.

En ce qui concerne les n°s 6 et 8, le tarif actuel est maintenu.

Le rôle d'expédition est en revanche porté à o fr. 5o, et l'on a par là l'égalité des greffiers des tribuaux de simple police et de paix.

Les extraits complémentaires passent à o fr. 10.

Enfin, le rapport proposerait à cause de l'insuffisance des produits, la suppression de quelques greffes de simple police, et il n'en resterait plus que 19 dans les grandes villes. Leurs fonctions seraient conférées, soit aux différents greffiers successivement, soit à l'un d'eux exclusivement.

TABLE DES MATIÈRES

LAVAL. — IMPRIMERIE PARISIENNE, L. BARNÉOUD & Cie.

CHEZ LES MÊMES ÉDITEURS

ANDRÉ (Louis) et GUIBOURG (Léon). — **Le Code ouvrier**, exposé pratique de la législation et de la jurisprudence, réglant le travail et les intérêts des ouvriers et apprentis. DEUXIÈME ÉDITION, mise au courant de la législation et de la jurisprudence, comprenant, notamment, le commentaire de la loi du 1er avril 1898 sur les Sociétés de secours mutuels et de la loi du 9 avril 1898 sur les accidents du travail. 1 fort vol. in-8 .... **10 »**

ARCHAMBAULT (Charles) et SENLY (René). — **Dictionnaire pratique des actions possessoires et du bornage**, contenant avec l'exposé des principes de la matière, le texte entier des documents de jurisprudence et des lois spéciales cités dans le corps de l'ouvrage. Deux vol. grand in-8 imp. en deux col.......... **20 »**

CÉNAC (Ernest). — **Guide électoral, la liste électorale**, sa composition et sa revision annuelle, commentaire des textes et de la jurisprudence relatifs à la formation des listes électorales, à l'usage des membres des commissions administratives, des commissions municipales, des maires, des juges de paix et de tous les électeurs qui veulent être fixés sur leurs droits. 1 fort vol. in-8.......... **5 »**

CURASSON. — **Traité de la compétence des juges de paix** dans lequel la loi du 25 mai 1838 et toutes les lois de la matière sont développées et combinées avec les principes de droit qui s'y rattachent et les règles de la procédure civile et criminelle. QUATRIÈME ÉDITION, revue, annotée et mise au courant de la législation, de la doctrine et de la jurisprudence jusqu'à ce jour, par MM. POUX, LAGIER et Paul PIALAT, 2 beaux vol. in-8..... **20 »**

DEJEAN (Oscar). — **Traité théorique et pratique des expertises** en matières civiles, administratives et commerciales. Manuel des experts. TROISIÈME ÉDITION, revue et mise au courant de la législation et de la jurisprudence, par C. FLAMAND et Edouard PELTIER, *avocats à la Cour d'appel de Paris*, 1 vol. in-8.......... **10 »**

FABREGUETTES (P.). — **Traité des délits politiques et des infractions par la parole, l'écriture et la presse.** — Renfermant, avec le dernier état de la jurisprudence, le commentaire général et complet des lois de la presse, de celles relatives aux outrages aux bonnes mœurs ainsi que de tous les textes du Code pénal ou des lois spéciales se rattachant aux délits politiques et à ceux de la parole, de l'écriture et de la presse à la propagande anarchiste, etc., etc. DEUXIÈME ÉDITION, entièrement refondue et augmentée. Deux forts volume in-8 cavalier.......... **25 »**

FAYE (Ernest). — **Manuel de droit électoral** d'après la jurisprudence de la Cour de cassation. 1 vol. in-18.......... **6 »**

MICHEL. — **Vade-mecum des Magistrats, de simple police.** 1 vol. in-8 .... **5.50**

— **Vade-mecum des Officiers de police judiciaire**, auxiliaires du Procureur de la République. 1 vol. in-18 jésus.......... **5.50**

— **Vade-mecum des juges de paix et de leurs suppléants.**
I. (AUDIENCES), 1 fort vol. in-18 jésus.......... **6 »**
II. (SCELLÉS), 1 fort vol. in-18 jésus.......... **6 »**
III. (CONSEILS DE FAMILLE), 1 fort vol. in-18 jésus.......... **6 »**

NOBLET (E.). — **Code pratique des chemins ruraux.** Commentaire de la loi du 20 août 1881 relative au Code rural, présentant l'ensemble de la législation, de la jurisprudence et des instructions ministérielles concernant la reconnaissance, la propriété, la possession, l'ouverture ou redressement, la suppression, la conservation et la police de ces voies publiques, à l'usage des magistrats, avocats, maires, conseillers municipaux, administrateurs, juges de paix et officiers de police judiciaire. DEUXIÈME ÉDITION, complétée et mise au courant jusqu'à ce jour de la législation et de la jurisprudence. Un volume in-18 jésus.......... **3 »**

LAVAL. — IMPRIMERIE PARISIENNE, L. BARNÉOUD & Cie.

www.ingramcontent.com/pod-product-compliance
Ingram Content Group UK Ltd.
Pitfield, Milton Keynes, MK11 3LW, UK
UKHW020132220726
13923UKWH00001B/133